KB195626

서점에서 만난

서경식

김광재 강의록

여행자의 책

차례

1부

서경식은 지난 20여 년간 한국 지성계에 큰 영향을 준 사람입니다. 높은 울타리 안에서 내부를 향해 살아온 사람들에게, 그 울타리에 올라서서 내려다본 안팎의 풍경을 제시했다고 할 수 있습니다. 그의 글은 조국, 민족, 민중 등 사람들이 당연시했던 관념들을 다시 생각해 보게 만들어요. 그의 글에 점점 빠져들어 가면서 내가 누군지를 계속 돌이켜보는 경험을 하게 되는 거죠. 그러니까 타자의 시선으로 나를 볼 수 있게 해준 사람이 바로 서경식이에요.

한국에 번역 출간된 서경식의 책이 20여 권 되는데 『나의 서양미술 순례』가 첫 책입니다. 1992년 초판이 나왔고, 2002년에 개정판이 나왔죠. 부모님 다 돌아가시고 형들은 12년째 한국 감옥에 갇혀 있고, 자신은 앞으로 또 어떻게 살아야 할지 막막한 서른두 살의 청년이 유럽 미술관에서 그림들을 만나고 와서 쓴 글입니다. 일본 잡지에 기고한 글들을 묶어 1991년에 일본어판을 출판했습니다.
단순히 그림에 대한 정보와 감상을 전하는 글이 아니라 그림을 거울삼아 자신의 모습을 찬찬히 살펴보는 글이라고 할 수 있어요. 이후 그는 일본과 한국에서 약 서른 권의 책을 내는데 그 씨앗은 여기에 다 들어 있다고 해도 될 것 같아요. 그만큼 솔직하고 치밀하게 글을 썼어요. 그래서 이 책을 꼼꼼히 읽으면 이 사람의 삶과 생각의 원형을 더듬어 볼 수 있을 것 같아요.

서경식은 '글쟁이'고 교육자고 휴머니스트고 운동가였지요. 한 마디로 '교양인'이었습니다. 독립된 자유로운 인격체로 이 시대를 사는 법을 보여준 사람이죠.
그 전제조건으로 필요한 것이 자신이 누구인지, 자신이 욕망하는 것이 무엇인지를 좀 더 면밀하게 알아가려는 노력입니다.
그렇다면 『나의 서양미술 순례』는 청년 서경식이 자신이 누구인지를 찾아가는 인문학적 여정, 그 고통의 흔적을 담고 있다고 할 수 있겠죠.

서경식은 2003년 도쿄게이자이대학에서 '교양의 재생'을 주제로 특별강연회를 마련했고, 그 내용을 바탕으로 '교양, 모든 것의 시작'이라는 책을 냈습니다. 거기 이런 내용이 있어요. 좋은 자동차를 만드는 것은 과학기술인데 그 자동차를 타고 어디로 갈 것인가는 우리가 결정해야 되고, 그 부분을 담당하는 게 인문학이다.

교양인으로서의 삶, 즉 독립적 주체로서 보편성의 세계로 나아가려는 삶이란 매우 피곤한 일이기도 합니다. 자신의 선택, 결정에 대해 이게 과연 '내'가 한 것이 맞느냐는 의심, 이게 최선일까 하는 의문, 그 결과는 내 책임이라는 자각, 이렇게 끊임없는 성찰이 이어집니다. 이러한 성찰이 객관성을 유지하려면 '타자'의 시선으로 자신을 살펴보는 것이 필수적이죠. 특히 이 시대는 타자에 대한 이해와 공감, 타자의 비판에 귀 기울이기를 인문학 혹은 교양의 필수조건으로 요구하고 있다고 하겠습니다.

청년 서경식은 수백 년 된 그림들로부터 화가와 그 시대의 이야기를 듣습니다. 그리고 그는 자신의 삶과 자신이 바라본 이 시대의 모습을 들려줍니다. 그 녹취록이 『나의 서양미술 순례』입니다.
우리는 녹취록을 읽으며 그 대화에 끼어듭니다. 이제 삼자 간 대화가 이뤄집니다. 그런데 등거리 삼자 회담은 아닙니다. 그와 우리는 지난해까지만 해도 같은 공기를 마시며 살았던 동시대인이니까요. 옛 그림을 매개로 그와 우리는 우리 시대의 삶에 대해 대화를 나누는 것에 가깝습니다.
어쨌든 우리는 화가와 그림에 대한 정보를 얻거나 서양미술 감상법 따위를 배우려고 이 책을 읽는 것은 아닙니다. 우리의 독서는 삼사십 년 전 유럽 미술관의 그림 앞에 서 있는 한 청년의 이야기를 듣고 대답하는 것과 같습니다. 우리가 그 청년의 얘기에 공감하고 또 차이를 발견하고 새로운 질문을 품게 되는 것, 그게 바로 우리 자신을 좀 더 알아가는 길이기도 할 테니까요.

이 책은 글쓰기 테크닉이라는 측면에서도 흥미로운 점이 많습니다. 특히 앞에서 무심하게 툭 던져놓은 것 같은 단어가 나중에 글의 전개에 중요한 연결고리로 사용되는 경우가 종종 눈에 띕니다. 독자들은 그런가 보다 하고 무심코 넘어갔는데, 나중에 "아, 이 얘기하려고!"하며 감탄을 하게 되지요. 요즘 유행하는 말로 '떡밥 회수'의 모범사례입니다.

한 번 쓰고 끝나는 게 아니라 더 확장시키기도 하고 그 '떡밥'으로 던진 단어가 중요한 결론을 대체하기도 해요. 언어에 민감한 작가가 정교하게 쓴 글은 감각적 쾌감을 느끼게도 하고 묵직한 울림을 전해주기도 하지요.

책의 첫머리에서 유럽 여행을 떠날 당시의 상황을 설명하는데, 읽기에 따라서는 변명처럼 느껴지기도 하지요. 뒤에도 이와 비슷한 대목이 나오는데, 아마도 미래의 전망이 캄캄한데 '사치스러운' 유럽 여행을 한다는 부담감, 더 나아가 죄책감까지 느끼는 것 같아서 독자 입장에서 안쓰럽기도 해요. 그러나 이렇게 부담스러운 여행을 통해 그는 『나의 서양미술 순례』를 쓸 수 있었고, 이 책이 그를 '글쟁이'의 삶으로 이끌었다는 사실.

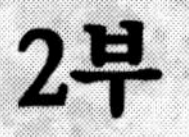
2부

서경식은 헤라르드 다비드의 「캄비세스왕의 재판」에서 "흐르는 피 한 방울까지도 놓치지 않고 그려내려고 하는 가열한 사실정신"을 읽어내고, 그림 속 인물을 보고는 "화가 자신의 장인적 열성의 투영"일 것이라고 짐작합니다. 더 나아가 "몸 전체로 피를 철철 흘리며 근대를 향해 탈피해 나간" 그림이라 해석하고는 '서양 역사의 응축된 현장'을 보는 느낌이었다고 고백합니다. 그리고는 이 그림이 자신에게 '서양미술 순례'의 문을 열어준 작품이라고 해요.

사람의 가죽을 벗기는 그로테스크한 장면을 극히 냉정하게 묘사한 그림에서 그는 신의 품에서 막 깨어난 르네상스인의 정신을 읽어낸 것입니다. 같은 작가의 '피에타'에서 고요한 아름다움을 느낀 그는 "과묵한 장인적 연찬과 수련만이 보편성에 이르는 길을 열어주는지도 모른다"고 생각합니다. 이는 스스로에게 하는 다짐처럼 들립니다.

「캄비세스왕의 재판」으로 서양 근대의 사실(寫實) 정신을 얘기하는 도중에 서경식은 두 페이지에 걸쳐 아버지의 죽음과 관련한 조선인 무속인의 이야기를 제법 자세히 전합니다.

그는 수개월 전에 아버지의 죽음을 겪었고, 그 죽음은 자식 둘을 고국의 감옥에 남겨둔 채 맞은 애통한 것이었지요. 그의 내면에는 아직 아버지의 죽음이라는 그림자가 짙게 드리워져 있었을 터이니, '왼쪽 발목'이라는 사소한 공통점만으로도 바로 아버지의 죽음이 떠올랐을 것입니다.

'가열한 사실정신'이라는 주제와 동떨어진 듯 보이는 '영혼과의 감응'이라는 삽화가 끼어들어 독자를 약간 당황스럽게 합니다. 하지만 그것이 다양한 생각을 불러오는 계기로 작용하기도 합니다. 예컨대 '서양 근대'를 언제 어떻게 수용했느냐의 문제와 일제의 강점, 전쟁, 분단 등 20세기 한반도 역사의 관련성을 생각해 볼 수 있겠습니다. 또 서양 근대의 사실정신은 제국주의로 귀착될 수밖에 없었을까 하는 의문도 생길 수 있겠죠. 그리고 펄럭이는 '조국 근대화'의 깃발 아래에서 벌어진 숱한 야만의 기억도 되살아날 수 있을 테고요.

우피치 미술관에서 보티첼리, 다빈치, 라파엘로 등의 유명작품을 모두 본 뒤에 서경식 청년이 보인 반응이 재밌습니다. "훌륭해! 하지만 과잉이다, 요설이다." 넉넉할 요饒, 혀 설舌. 그러니까 필요 이상으로 말이 많다는 핀잔입니다. 서른두 살의 청년이 왜 이럴까요? '잘 그린 그림이란 건 인정하지만 내 취향은 아니야'라는 걸까요? '화려한 그림을 보고 가슴 두근거릴 나이는 벌써 지났어, 그러기엔 너무 지쳐버렸어'라고 하는 걸까요? 아니면 '내가 정말로 보고 싶은 것은 흥분이 가라앉은 뒤의 그림이야'라는 걸까요? 그다음에 방문한 산마르코 수도원에서 프라 안젤리코의 수태고지를 본 그는 "삼가듯 조촐한 아름다움"을 상찬합니다.

15세기 말 피렌체에서 화형당한 사보나롤라가, 재판 과정에서 자신의 행동이 세속적인 명리를 위한 것이었다고 진술했다가, "나는 고문이 두려워 그리스도를 거부했다"며 자신의 진술을 철회하려고 안간힘을 썼다는 내용이 소개됩니다.

이어 서경식은 "화려하고 청순한 종교화의 그늘에도 처참하기 그지없는 정치와 인간의 드라마가 감춰져 있음에 틀림없으리라는 확신을 갖게 된다."라고 덧붙입니다.

서경식 가족이 당시 겪은 일을 아는 독자라면, 이 부분에서 곧바로 '전향'을 강요하며 고문을 자행했던 70~80년대 한국의 상황을 떠올리게 됩니다. 그런데 서경식은 여기서 아무 말도 덧붙이지 않습니다. 무언이 오히려 더 강렬한 메시지가 되는 순간입니다.

십자가형 그림이 그려져 있는 수도사들의 작은 방을 돌아볼 때 집요하게 어떤 연상이 떠올랐다고 말한 뒤, 그는 글 마지막 부분에 가서 그 내용을 털어놓습니다.

그 연상이란 수도사들의 방보다 좁은 0.72평의 감방에, "때때로 고문은 있지만, 수인(囚人)들이 손톱이나 나무토막으로 긁은 자국밖에는 벽화 같은 것도 없"는 감방에 12년간 갇혀 있는 형들입니다. 그리고 "열다섯 살 적부터, 지금은 안 계시는 어머니와 함께 면회와 차입을 위해서 줄곧 형들이 갇혀 있는 감옥엘 다닌" 누이동생을 생각합니다.

그의 문장은 원래 간결하지만, 특히 이 부분에서는 군더더기가 없을 뿐 아니라 마치 프라 안젤리코의 그림처럼 절제미까지 느껴집니다. 한 문장, 한 문장이 독립된 문단을 이루면서 차분한 리듬으로 죽 이어집니다. 그리고 마지막 문장. "나는 다만 운명이 누이의 어깨에 지워놓은 부당한 무게를 묵묵히 생각할 뿐이었다."

청년 서경식이 분출하는 그림보다 억누르는 그림에 마음이 쏠리는 이유를 알 것도 같아요.

십자가형 그림과 수태고지 그림은 "죽음과 탄생처럼, 어둠과 빛처럼, 저 충만한 축복의 수태고지와 표리를 이루는 일체"라고 서경식은 말합니다. 앞글에서 서양 근대와 동아시아의 현대사를 대비한 것과도 비슷하군요. 그는 한 편의 글 안에서 마치 보색대비 효과를 기대하는 것처럼 상반되는 것들을 함께 얘기합니다. 독자들은 그 둘의 차이를 선명히 인식할 뿐 아니라 숨겨진 공통점이나 접점에 대해서도 생각하게 됩니다.

그가 글쓰기를 통해 보편성에 이르는 길을 모색하고 있다면, 이런 방식으로 타자와 나의 분리 불가능성을 암시하는 것으로 읽어도 되지 않을까요?

대천사 가브리엘로부터 아들을 낳을 거란 얘기를 듣고 마리아는 "내 아직 남자를 알지 못하는데 어찌 그런 일이 있을 수 있겠습니까?"라고 말합니다. 이 책에서는 신약성서의 한 구절을 가져와 수태고지를 설명합니다.

여담 한마디. 여기서 '안다'라는 말은 성관계를 가진다는 말의 완곡한 표현입니다. 창세기에도 아담이 이브를 알았다는 구절이 있습니다. 히브리어, 헬라어, 라틴어 성서를 비롯해 예전의 성서들은 모두 '알다'라는 동사를 사용했는데, 한글 번역본과 근래의 영어 번역본은 '동침하다'와 'intercourse'라는 직설적인 단어로 번역했더군요.

남자를 알지 못해도 잉태할 수 있는 시대여서 그랬을까요? 에둘러 말하기가 구시대의 억압을 떠올리게 해서 그랬을까요? 저는 알지 못하겠습니다.

「데셰앙스」 제목의 글은 “못 볼 것을 보고 말았다……”라는 문장으로 시작합니다. 아비뇽 프티 팔레 미술관에서 본 「수잔나와 노인들」에 대한 막말에 가까운 평가인데요, 이렇게 글을 시작했는데 독자들을 충분히 이해시키지 못하면 역효과를 불러오겠지요. 책에 실린 도판을 보면 그런 과격한 반응이 그럴만하다고 여겨지네요.

서경식은 그림엽서에 도메니코 미켈리노의 그림이라고 적혀 있다면서, 유명한 단테 초상을 그린 거장의 작품으로 보기 어렵다고 합니다. 인터넷에서 찾아보니 그의 의심은 타당한 것이었습니다. 포플러 나무판에 템페라와 금박으로 그린 이 그림은 프라 안젤리코의 제자로 15세기 중반에 화가, 삽화가로 활동한 자노비 스트로치가 그렸다고 나오는군요.

아비뇽 칼베 미술관으로 가는 서경식은 몸과 마음이 모두 지친 상태인데, 그 묘사가 아주 생생해요. 머릿속에서는 친숙하지도 않은 일본 군국주의 노래가 계속 반복되고, 싫은 것들이 자꾸 마음에 떠오릅니다. 또 밝은 햇빛이 되레 몸과 마음을 가라앉게 만듭니다. 구체적인 묘사는 독자들이 '나도 언젠가 이런 적이 있었지'하고 생각하게 만들죠.

그는 칼베 미술관에서 수틴이 그린 모자를 쓴 부인의 반신상을 봅니다. 피곤하고 우울한 상태여서 그런지 그는 이 그림에 대한 감상을 이렇게 적습니다.
"그 눈길은 아련한 두려움과 슬픔을 담고 있어 무언가 긴 이야기를 걸어온다. 어째서 이렇듯 강렬한데도 이렇듯 고요한 것인가?"
그리고 수틴 특유의 일그러진 외형이 격정 때문이 아니라 화가의 눈에 가득 고인 눈물 탓인지도 모른다는 말을 슬쩍 덧붙여 놓습니다.

글은 수틴에 대한 설명으로 이어졌다가, 절을 바꿔 기차 예약을 변경하는 이야기로 넘어갑니다. 애를 먹고 기차표를 바꾼 그는 잔뜩 골이 나 있습니다. 여동생은 어머니 살아계실 적에 함께 오빠 면회하고 돌아오는 길, 대구역에서 두 눈 시퍼렇게 뜨고 기차표 도둑맞은 이야기를 해줍니다. (이 얘기를 들려주는 동안 책장은 서너 장 넘어갑니다) 그는 이렇게 씁니다. "누이가 어머니 이야기를 한 탓인지 주변의 광경이 갑작스레 일그러져 보였다. / 아, 아까 본 수틴 같구나……"
눈물이니 울음이니 하는 단어를 쓰지 않고 독자의 눈에 눈물이 차오르게 만듭니다.

「데셰앙스」 제목의 글은 '아, 아까 본 수틴 같구나' 했던 때로부터 2년 뒤 미국 워싱턴의 내셔널 갤러리를 방문한 얘기로 마무리됩니다.
모딜리아니가 그린 수틴의 초상에서 19세기 테러리스트 같은, 확신범 같은 인상을 받은 서경식은 "좀처럼 눈물 따위를 찔끔거릴 것 같지는 않다."라고 합니다.
그는 2년 전 아비뇽에서 눈물을 글썽이며 '아, 수틴 같구나' 했던 때를 잊을 수가 없었을 테니, 그 일을 염두에 두고 이런 말을 했겠지요.
첫 번째 서양미술 순례를 하면서 자신도 모르는 사이에 내면이 강해진 것이겠죠?

수틴이 그린 부인의 반신상 제목은 「데셰앙스」인데, 실추 또는 실총(失寵)이라는 뜻이라고 합니다. 실총이라는 말은 은총, 총애를 잃는다는 뜻으로 지금은 거의 쓰이지 않지만, 조선왕조실록에도 나오는 단어이고, 기독교에서는 아담과 이브의 원죄로 신의 은총을 잃은 것을 가리키는 말이라고 합니다.
책에 실린 도판을 보면 노년에 접어든 귀부인을 그린 것 같습니다. 단정적으로 말할 수는 없지만 그림 제목인 '데셰앙스'는 노쇠, 쇠락 정도의 의미가 아닐까 싶네요.

아비뇽 이야기에서는 페트라르카가 그곳을 '고향을 등진 자, 조국을 잃은 자들'의 '악(惡)의 낙원'이라 불렀다고 씌어있습니다.
또 러시아 출신의 수틴과 모딜리아니의 삶을 간략히 소개하면서도 "'고향을 등진 자, 조국을 잃은 자'의 절통한 객사"라는 표현을 씁니다.
자신이 아비뇽이라는 낯선 도시에 버려진 존재처럼 느껴진 순간을 얘기할 때, 같은 표현을 사용하지는 않았지만 '고향을 등진 자, 조국을 잃은 자'의 심정이었으리라 짐작할 수 있지요.
교토에서 재일조선인 2세로 성장하면서 스스로를 '고향을 등진 자, 조국을 잃은 자'로 인식하게 된 지식인이 디아스포라의 현대적 개념과 문제의식을 한국 사회에 깨우쳐준 것은 운명적이면서 고마운 일이라 생각됩니다.

'거친 하늘과 밭'이라는 제목의 글은 형제와 생활이라는 두 개의 키워드로 전개됩니다.
서경식이 와세다대학 3학년일 때, 한국에 유학 중이던 서승, 서준식 두 형이 투옥됩니다. 자신의 장래에 대해 꿈꿔왔던 계획들은 한순간 물거품이 되고, 정치범 가족으로서 형들의 구명운동과 부모님을 돕는 일 외에는 할 수 있는 일이 거의 없었겠죠.
형들은 12년째 옥중에 있고, 부모님도 세상을 떠난 상황. 그 앞에는 이제 '생활'이라는 것이 풀리지 않는 숙제로 남아 있죠. 20대를 어영부영 그냥 보내버렸다는 자책도 해보지만, 사실 그의 탓이라고 할 수는 없어요. 한반도를 둘러싼 역사적 모순과 정치적 음모가 한 가족에게 잔혹하게 집중된 형태로 작용한 결과겠지요.
여행이 끝나면 빚쟁이처럼 기다리고 있는 '생활'이라는 문제, 그리고 어렴풋한 희망의 불빛도 보이지 않는 형들의 상황. 서경식은 미켈란젤로의 조각과 「반항하는 노예」, 「죽어가는 노예(빈사의 노예)」와 고흐의 「회색 모자를 쓴 자화상」 그리고 고흐 형제의 무덤을 순례하면서 마음을 벼립니다.

옥중의 형이 예찬한 미켈란젤로의 두 '노예' 조각을 대신 보고 소감을 그림엽서에 적어 보내려 했던 서경식. 막상 그 앞에 서자 마음속에 광풍이 휘몰아쳐 단어들을 모두 날려버립니다. 써 보낼 말은 찾지 못하고 대신 쓰디쓴 자각에 이릅니다.

"'노예'는 나의 형인 것이다.
나는 그것을 감상하고 있는 것이다……"

'감상한다'라는 말이 전제하고 있는, 대상과 감상자 사이의 '거리'를 실감하는 순간입니다. 무력감, 죄책감도 느껴지죠. 그러나 그는 회피하지 않습니다. 그는 고흐와 함께 새로운 벌판으로 발길을 옮깁니다.

암스테르담의 국립 고흐 미술관에서 「회색 모자를 쓴 자화상」을 보고, 서경식은 몸과 정신을 한꺼번에 내던질 정도로 강렬한 그의 정념에 매혹당합니다. 그래서 고흐 형제의 무덤을 순례지 목록에 올려놓아요. 누이동생이 먼저 귀국한 후, 그는 혼자 그곳을 찾습니다.

묘지와 그 너머에 펼쳐진 밀밭에서 그는 고흐 형제와 깊은 대화를 나눕니다. 정확하게는 빈센트와 테오가 남긴 편지와 대화하는 거죠. 고흐 형제의 말에서 그는 자신과 형들의 관계를 다시 보게 됩니다.

서경식은 '생활'을 담당한 테오를 통해 "나는 감상하고 있다"에서 "나는 당사자로서 참가하고 있다"로 극적인 전환을 이뤄냅니다. 그래서 '창조하는 인간'과 '감상하는 인간' 사이의 단절을, '저항하는 자'와 '고통을 함께 견디는 자' 사이의 단절을 넘어서게 됩니다. 요컨대 생활을 책임지면서 혁명가, 창조자를 뒷받침하는 사람도 자기 삶을 오롯이 거기에 던지는 것이므로 그 자신이 바로 창조자이며 혁명가라는 것이지요. 이러한 깨달음이, 이 서양미술 순례의 핵심이라 할 수 있지 않을까요?

고흐 이야기를 시작하면서 서경식은 이렇게 말합니다.
"사실은 그때까지 나는 별로 고흐를 대단하게 생각하지 않았다. 뭐라고 해도 고흐가 일본에서는 지나치게 통속화되어서, 이제 또 새삼스럽게 무슨 고흐냐 하는 기분을 갖고 있었다. 얕잡아보고 있었던 것이다. 고흐 미술관에서도 턱없이 많은 일본 관광객들의 모습이 그런 내 기분을 부추겼다."
고흐에 대한 일본사람들의 열광은 일본 판화 우키요에가 인상파 화가들에게 큰 영향을 주었다는 사실도 그 배경이 된 것 같아요.
서경식은 이걸 지나치게 통속화되어 있다고 표현하고, 대중들이 다 칭송하니까 자기는 오히려 거리를 두고 싶어 합니다. 바닥이 한쪽으로 기울어진 곳에서는 몸을 반대쪽으로 기울여야 중심을 잡을 수 있는 것처럼요. 또 메인스트림을 맹목적으로 따라가지 않으려는, 내가 좋아야 좋은 것이라는, 개인의 독립성을 지키려는 태도도 살짝 드러나고요.

1992년 출간된 『나의 서양미술 순례』 한국어판 초판은 표지 사진이 미켈란젤로의 「반항하는 노예」였는데, 2002년 개정판은 표지가 모딜리아니의 「수틴 초상」으로 바뀌었습니다.
앞에서 봤듯이 「반항하는 노예」는 이 책에서 감옥에 갇힌 형의 이미지와 겹치고, 「수틴 초상」은 눈물을 찔끔거리지 않고 신념을 지키는 강인한 내면을 가진 사람으로 그려집니다. 수틴의 모습에 서경식의 자아 이상이 겹쳐있다고 본다면, 표지 사진이 형에서 자신으로 바뀐 거라고 할 수 있겠네요.

초판이 나올 때까지는 아직 형들과 자신의 분리가 완전하지 않은 상태였다면, 10년 뒤 개정판이 나올 때는 세 사람이 각자 일본의 법학 교수로, 한국의 인권운동가로, 한·일을 넘나드는 '글쟁이'로 독립된 삶을 살고 있었습니다. 비록 표지 그림만 바뀌었지만, 개정판에 와서야 비로소 진정한 '나의' 서양미술 순례가 완성됐다고 하면 너무 멀리 간 해석일까요?
1980년대에 쓴 글을 20~30년이 흐른 뒤의 시각으로 해석하는 건 너무한 것 아니냐고요? 글을 쓰는 사람도 쓸 당시에는 글 아래에서 복류천처럼 숨어 흐르고 있는 의미들을 다 깨닫지는 못합니다. 그것은 늘 사후에 드러나지요.

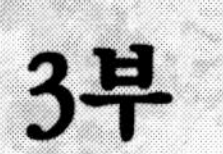
3부

이쯤에서 『나의 서양미술 순례』라는 책의 흐름을 한 번 돌아볼까요.
「캄비세스왕의 재판」으로 아버지를, 「수태고지」로 누이동생을, 「데셰앙스」로 어머니를, 「거친 하늘과 밭」으로 형을 소환합니다. '나'는 '나'의 일부이기도 한 가족들을 차례차례 만나면서 '나'를 인식하고 또 다짐합니다.
'나'는 이제 피카소, 고야 등의 그림들을 보면서 역사, 국가, 민족이라는 커다란 물결 속에서의 '나'에 대해 고민합니다.

피카소의 「게르니카」를 제목으로 전쟁에 관한 이야기를 풀어냅니다.

「게르니카」는 첫 유럽 여행(1983)에서 본 그림인데, 글의 시작은 1989년 도쿄국립근대미술관에서 열린 '쇼와 미술전'에 대한 이야기예요.

2차대전 후 미군에 접수된 일본 화가들의 전쟁화 153점을 국립근대미술관이 영구대여 형식으로 보관하고 있는데, 그중 7점을 공개한 전시회라고 하네요. 서경식은 "이 미술관에서 발행한 카탈로그에는, '순전히 미술상의 관점에서'라고 신경질적으로 변명하고 있다"라고 썼어요. ('미술상의'란 말은 '미술의'나 '예술적인'으로 번역하면 이해가 빠르겠군요) 왜 '신경질적인 변명'으로 들렸을까요? '순전히 미술상의 관점에서'라고 하는 말의 이면에는 '일본의 전쟁 책임에 대해서, 전쟁화로 부역한 화가들의 책임에 대해서는 생각하고 싶지 않으니 입도 뻥긋하지 말라'는 뜻이 담겨 있기 때문이죠. "이런 그림을 전시하는 의도가 뭐냐"는 질문에 대답하기 싫다는 것이지요. 속마음은 "그때는 그게 옳았는데 지금 내게 무슨 말을 하라는 거냐"일는지도 모르죠. 그냥 묻어두고 싶은, 질문 자체를 사전 차단하려는 의도가 뻔히 보이니까 서경식은 '신경질적으로 변명'한다고 지적한 거예요.

평소 자신의 화풍과는 정반대로 전형적인 전쟁화를 그린 후지타 쓰구하루와 자기 스타일대로 상류 시민의 생활을 그리듯이 전쟁화를 그린 코이소 료헤이를 소개한 뒤에, 서경식은 "전쟁에 협력한 죄과는 우열을 매기기가 어렵다 하더라도, 아마도 후지타 쪽이 내적 번민이나 갈등이 더 심하지 않았을까"하고 추측합니다. 설득력 있는 얘기죠?

그런데 코이소 료헤이의 「아침의 한때」를 두고 서경식이 한 얘기가 제게는 더 인상 깊습니다. "병사들이 타국을 침략해서 타민족을 살육하고 있던 때에도, 또한 전 국민이 '신절'이니 하는 허위의 미의식에 의하여 죽음으로 내몰릴 때에도, 이 중류 상층계급의 가정에서는 3세대에 걸쳐서, 한결같이 조용한 아침이 되풀이되어왔는지도 모른다." 지금 전쟁을 하고 있는 나라의 상층계급 가정에서도 '조용한 아침'은 계속 되고 있겠죠.

'신절(臣節)'이란 말은 신하가 지켜야 할 절개라는 뜻인데, 서경식은 이를 '허위의 미의식'이라고 합니다. 후지타 쓰구하루의 전쟁화 중에 「사이판 동포, 신절을 다하다」가 있는데, 사이판이 미군에 함락됐을 때 많은 일본인 거주자들이 자결했다는 '애국 미담'을 그린 것입니다.

이른바 '옥음(玉音)방송'을 듣고 신절을 다하는 하층 신민과 한결같이 '조용한 아침'을 맞이하는 사람…….

서경식은 2013년 대구미술관에서 열린 '이쾌대 탄생 100주년 학술대회'에서 '이쾌대의 일본 생활과 조형의 형성'을 발표하고, 이를 바탕으로 이듬해 출간된 『나의 조선미술 순례』에 「분열이라는 콘텍스트-이쾌대」를 실었습니다. 『나의 서양미술 순례』에서 언급된 일본 전쟁화에 대한 탐구가 더욱 깊어져 이쾌대에까지 이어졌다고 할 수 있겠습니다.

서경식은 이 글에서 이쾌대의 「군상」이 일본 전쟁화의 영향을 받았다고 주장했어요. 그때까지 국내 미술평론가들은 들라크루아 등 서구 미술의 영향은 얘기했지만, 일본 전쟁화의 영향에 대해서는 거의 언급이 없었습니다. 서경식은 이에 대해 "서양미술이 일본의 식민지 지배라는 '왜곡된 창'을 통해 조선에도 수용된 이상, 의식했건 그렇지 않았건 그 '창'의 영향을 받을 수밖에 없었던 것은 당연한 이치이다."라고 말합니다. 도판으로 비교해 봐도 유사한 점이 보이고, 일본이라는 '창'의 영향을 부인할 수 없다는 것도 분명해 보입니다. 사실을 직면하는 것에서 변화가 시작되겠지요.

이쾌대 관련 글에서 서경식은 식민지 조선에 '친일화'는 있지만 후지타 쓰구하루의 그림 같은 대형 전쟁화가 존재하지 않았던 이유에 대해 정곡을 찌릅니다. (앞서 2009년 발간된 『고뇌의 원근법』 서문에서도 같은 주장을 했습니다.)
그것은 기량이 열등했기 때문만은 아니고, 조선에는 전쟁이라는 '거대 서사'를 말할 주체가 형성되지 않았기 때문이라는 것입니다. 일제 강점기 조선 민족은 전쟁을 '나의 전쟁'이라고 인식할 충분한 자격이 없었고, 단지 그를 추종하는 '2급 주체'였을 뿐이라고 말합니다.
즉, 중일전쟁도 태평양전쟁도 '남의 전쟁'이었기 때문에 조선 화가들은 대형 전쟁화를 그릴 수 없었다는 주장입니다. 그래서 적극적인 친일 화가들도 기껏 징병, 징용, 학병, 정신대 참여를 독려하는 그림을 그리는 정도에 머물렀다는 겁니다.
일본이 내선일체니 하면서 부려 먹기 위한 황민화 정책은 추진했지만, 식민지의 '조선인'은 물론 패전 이후 일본에 남은 '조선인'을 온전한 '국민'으로 인정한 적이 없습니다.
10여 년 전에 발표된 글인데 요즘 더욱 가슴에 와닿는군요.

스페인 마드리드의 프라도 미술관을 찾아가는 과정을 이야기하면서 며칠 전 파리의 은행에서 겪은 에피소드를 들려줍니다.
덩치 큰 초로의 사내가 어디 사람이냐고 묻길래 한국인이라고 대답하니, 이스라엘 퇴역군인이라는 그가 "오오, 친구여" 어쩌고 해서 몹시 당황했다는 얘기. 또 그로부터 '랑군 사건'이 일어났다는 소식을 전해 듣고, 한국에 긴장이 고조됐을 텐데 옥중의 형들은 괜찮을지 걱정했다는 얘기. 때마침 미국의 그레나다 침공 소식까지 들어서 스페인으로 가는 야간열차에서 흡사 망명객 같은 기분이 들었다고 합니다.
그의 마음에 전쟁이라는 테마가 자리 잡고 있어서 전쟁과 관련된 에피소드들이 기억에 남았거나, 글을 쓰면서 주제의 일관성을 유지하기 위해 소재를 취사선택했기 때문이겠지요. 그런데 그의 글에 나타나는 소재들은 조금씩 비어 있는 부분이 있어서 가끔 숨은그림찾기 하는 것 같은 재미를 줍니다.
예를 들면, 이스라엘 퇴역 군인의 말에 몹시 당황했다는 대목에서 "'친구여' 하는 말이 느닷없기도 했겠지만, 그보다는 서경식이 팔레스타인 사람을 친구라고 여기고 있었기 때문이었을 거야."라고 생각하고는 제법 그럴싸하다며 슬쩍 미소 짓는 독자.

서경식은 프라도 미술관에 가는 도중 귀중한 시간을 쪼개서 군사박물관을 보러 갑니다. 스페인에서는 살아서 활동하고 있는 군국주의를 볼 수 있으리라고 예상해서였습니다.
눈에 띄는 프랑코의 흉상과 동상은 예상한 대로였으나, 이 박물관은 대항해시대 이래 5백 년간의 군사 유물을 모아놓은 곳이었다고 합니다. 더구나 반성이나 자기비판을 위한 것이 아니라, 프랑코 독재에 이르기까지 군국 스페인의 영광을 간직하기 위한 침략과 살육의 기념관이라는 사실을 확인합니다.
그는 실망했을까요, 아니면 역시나 하는 마음이었을까요? 그는 스페인 군국주의와 일본 군국주의를 비교해 보고, 프랑코 독재는 한국의 군사독재와 비교해 보고 싶었을지 모르겠습니다. 그의 가족에 불어닥친 가혹한 사건의 배경에는 식민지 지배, 냉전, 분단, 전쟁, 독재 등이 얽혀 있으니까요. 스페인에서 과거 침략 역사에 대한 반성의 움직임이나, 프랑코 독재가 끝난 뒤의 스페인에서 작은 희망을 볼 수 있을지 모른다고 마음 저 깊은 곳에서는 기대했을지도 모르겠습니다.

드디어 「게르니카」 앞에 섭니다. 그는 이 작품의 참신성이나 기발함은 도판으로 느낄 수 있으나, 슬픔의 깊이, 분노의 격렬함은 진품을 보지 않고서는 알기 어렵다고 말합니다.

그리고 그는 앞서 방문한 군사박물관에서 본 "군국주의 스페인 5백 년의 중후하면서도 저열하기 이를 데 없는 정신"을 한 예술가의 자유로운 정신이 마침내 승리하는 모습을 본다고 감격스럽게 전합니다.

독일군의 게르니카 폭격은 뚜렷한 군사적 목적도 없이 무고한 시민들을 대상으로 무차별 폭격을 감행한 최초의 사건이었다는 점에서 큰 충격을 주었습니다.

프랑코는 공화파 정부를 지지하는 바스크 지역을 공격하기 위해, 나치독일은 신무기 성능 실험을 위해 저지른 짓이었습니다.

피카소도 이 사건을 접하고 슬픔과 분노로 「게르니카」를 그렸다고 합니다. 프라도 미술관에 있던 이 작품은 현재 국립 소피아 왕비 예술센터에 있습니다.

서경식은 피카소의 「게르니카」 감상을 전한 뒤, 글 서두에 얘기한 일본의 전쟁화를 다시 언급합니다.
"한다하는 명인 대가들이 전쟁에 협력한 그림을 그린 그 자체를 '없었던 일'처럼 괄호 속에 묶어넣어둔 채 능청거리고 있는 퇴영적 정신에서는 「게르니카」가 태어나지 못하는 게 당연한 일이다. 이 사실이야말로 '순전히 미술상의 관점'에서 말해서 큰 문제가 아닐 수 없다."라고 일갈합니다. 그러니까 '신경질적으로 변명'이나 하는 정신에서 어찌 대단한 작품이 나올 수 있겠느냐는 질책이지요.
이 말에 속 시원하다고 느낀 독자는 그 이상으로 뼈아픈 말을 듣습니다. 서경식은 그 말에 이어 바로 "아니, 일본이야 어떻든 나는 차라리 내 민족을 한탄해야 할 일이다."라고 말합니다.
6.25 때 벌어진 신천대학살을 소재로 피카소가 고야의 구도를 가져와 그린 「조선에서의 학살」을 언급하고, 불과 3년 전에 일어난 광주에서의 학살을 이야기합니다. 그러고는 "굴욕을 당하고, 살육을 당해온 우리 민족은 과연 우리들 자신의 「게르니카」를 산출해냈는가. 군국 스페인 5백 년의 공포와 중압이 피카소를 낳았다고 할 때, 우리 민족에게 가해지고 있는 고통은 아직 가볍단 말인가." 이 글을 다시 읽는 올해도 유구무언입니다.

「게르니카」 제목의 글은 4년 뒤인 1987년, 카탈루냐 지방의 비크라는 곳을 방문한 이야기로 끝을 맺습니다.
비크 대성당의 벽화를 감상하던 서경식은 이곳이 프랑코파에게 마지막까지 저항했던 시민파의 근거지이며 독립 정신이 왕성한 카탈루냐 지방이라는 점, 지주·왕실·군부와 결합된 반동 세력으로서 프랑코를 지지한 가톨릭교회라는 점에서 뭔가 어색한 느낌에 젖습니다.
관리인의 호의로 둘러보게 된 지하묘지는 로마네스크 양식이 잘 보존돼 있었다고 합니다. 한쪽 벽면에 새겨진 수많은 이름을 보고는 뭐냐고 물었더니, 한창 신나게 설명하던 관리인이 갑자기 말문이 막힌 듯 '시민전쟁'이라고 짧게 대답합니다.
관리인을 포함한 그곳 사람들에게 50년 세월은 내전의 상처를 잊기에는 너무 짧은 것이겠지요. 레콩키스타의 죽음부터 스페인 내전의 죽음까지 천년 가까운 시간 동안의 사자가 함께 묻힌 곳에서 두 사람의 대화는 다른 쪽으로 옮아갑니다. 한 학생이 경찰의 고문을 받다 죽은 일로 저항의 불길이 치솟고 있는 서울에 대한 얘기로. 서경식은 "나의 형은 그때 막 옥중에서 51일간에 걸친 단식투쟁을 끝낸 참이었다. 내게는 싸움은 더욱더 절망적인 것으로 생각되었다."라고 회고합니다.
그러나 그 저항에 힘입어, 이듬해인 1988년 5월 그의 형 서준식이 비전향장기수로는 최초로 석방됩니다.

1983년 프라도 미술관 방문은 서경식이 「게르니카」 외에 한 편 더 글을 쓰게 만듭니다. 「모래에 묻히는 개」(고야)입니다.
이 글은 1990년 서울 공항에서 벌어진 일로 시작합니다. 고야의 '1808년 5월 3일의 학살' 복제품을 형에게 줄 선물로 갖고 들어오다 세관의 제지를 받습니다. 세관원들은 어디서 가져왔느냐, 누구 그림이냐, 얼마냐, 소련 그림 아니냐고 하면서 문제 삼으려 하죠.
이와 비슷한 에피소드는 예전에도 있었습니다. 막스 베버의 책을 보고 세관 직원이 마르크스 즉, 빨갱이 책 아니냐고 했다는 얘기가 회자되기도 했습니다. 문학평론가 황현산 씨의 칼럼에는 서대문우체국에서 외국 우편을 담당하던 창구 직원 미스 아무개의 이야기가 나옵니다. 우편으로 주문한 외국 서적을 빨갱이 책 아니냐며 내주려고 하지 않아서 문학에 관한 이론서라고 설명했더니, 책 내용을 그렇게 잘 알면서 책은 왜 샀냐며 다음에 다시 오라고 했다는 거예요. 그 창구 직원은 당시 권력자들이 하는 말을 곧이곧대로 내면화해서 신념에 따라 행동한 것이겠죠. 또는 사회적 불평등에 대한 분노가 그렇게 표출된 것일 수도 있겠고요.
어느 시대건 정치적 프로파간다를 자신의 신념으로 받아들여 전혀 의심하지 않는 열성분자들이 많습니다.

벨라스케스의 「시녀들」은 아마 역사상 논란이 가장 많은 그림일 겁니다. 반 에이크 '아르놀피니의 결혼'에 나오는 거울을 보고 벨라스케스도 힌트를 얻은 것 같아요. 고야는 벨라스케스의 이 그림을 오마주해 「카를로스 4세 가족의 초상화」를 그렸고, 피카소도 이 그림의 패러디를 잔뜩 그렸죠.
「시녀들」은, 뒷면만 보이는 저 캔버스에 무슨 그림이 그려지고 있을까? 내가 서 있는 자리에 실제로 국왕 부부가 있었을까? 대형 거울이 있었던 건 아닐까? 등등의 의문을 관람객에게 불러일으킵니다.
미셸 푸코와 자크 라캉은 이 그림을 두고 주체, 재현, 비가시성, 욕망, 시선 등 다양한 철학적, 정신분석적 분석을 펼칩니다.
그런데 서경식은 이 그림에 등장하는 여러 인물 중에서 오른쪽 아래에 있는 마리발보라 라는 여자 광대의 시큰둥한 시선에 계속 신경이 쓰였다고 합니다.

서경식은 프라도 미술관의 첫인상이 매우 암울했다고 합니다. 마치 역사의 어둠, 인간의 어둠을 들여다보기 위해 만든 석조극장 같다고 말합니다.
그는 벨라스케스의 그림 중에서도 난쟁이, 광대 등 '이색적인 자'들을 그린 작품에 주목합니다. 「시녀들」에서 마리발보라에게 시선을 사로잡힌 것처럼요.
젊어서 궁정화가가 된 벨라스케스는 좋은 환경에서 고민이나 파란 없이 생애를 보낸 것으로 알려져 있는데, 왜 이런 '이색적인 자'들을 그리는 데 정열을 쏟았는지 서경식은 궁금해하죠.
그는 벨라스케스 시대의 스페인은 잇따른 전란과 역병을 겪으며 쇠락해 가는 중이었으며, 그로 인해 자포자기에 빠진 왕과 귀족들이 난쟁이나 광대 등을 궁정으로 데려와 위안물로 삼았다는 사실에 주목합니다. 그리고 벨라스케스가 그려낸 그들의 모습은 오히려 "그들을 장난감 취급하며 조소하는 자들 쪽의 퇴영, 허식, 광기를 노골적으로 비춰내고 있다."라고 결론짓습니다. 이런 통찰이 가능한 것은 서경식이 차별과 모욕을 당하는 자들에게 특별한 관심을 갖고 있기 때문이겠지요.

고야는 벨라스케스보다 약 1세기 반 뒤의 인물인데, 벨라스케스에 비해 더욱 짙은 어둠을 그립니다.

한국의 세관 관리들을 긴장하게 만든 고야의 「1808년 5월 3일의 학살」은 나폴레옹군 병사가 전날 마드리드 민중 봉기를 일으킨 시민들을 프린시페 피오 언덕에서 학살하는 장면입니다. 이를 계기로 6년간의 스페인 독립전쟁이 이어지는데, 고야는 이 전쟁의 참상을 82장의 연작판화 「전쟁의 참화」로 기록합니다.

고야는 이 판화들에 풍자적, 냉소적인 뉘앙스의 제목을 붙였습니다. 서경식은 "「5월 3일」의 모티프에 통하는 처참한 살육 장면을 그린 한 점의 판화에는 인상적이게도, '그러나 구원 따위는 오지 않는다'라는 제목이 붙어있다."라고 설명합니다.

그런데 이 번역은 드라마틱하고 비장한 느낌을 주지만, 고야의 제목 원문은 "어쩔 수 없어", "방법이 없어" 정도의 구어적 표현입니다. 일본어로 옮기는 과정에서 번역자의 감정이 첨가된 것 같군요.

「전쟁의 참화」에 대해 서경식은 “회화사상 최초의 참된 반전화”라고 평가합니다.
이 연작판화는 살육 장면, 시체를 토막 내 전시한 장면, 겁탈하는 장면, 기근으로 죽은 사람들, 민중을 수탈하는 성직자들과 정치가들 등 다양한 내용을 담고 있습니다.
나폴레옹 군대의 잔인한 행위를 담은 판화가 많기는 하지만, 고야는 스페인 민중들을 애국자로 칭송하고 있지는 않습니다. 가해자와 피해자의 구분은 모호하고, 그 틈바구니에서 고통받는 사람들에 대한 연민이 드러납니다. ‘참된 반전화’라는 평가는 이런 면에 주목한 평가라고 할 수 있겠네요.

베토벤의 영웅교향곡은 원래 제목이 나폴레옹에게 헌정한다는 의미로 보나파르트였습니다. 그런데 나폴레옹이 스스로 황제의 자리에 오르니까 베토벤이 보나파르트라고 쓴 악보 표지를 찢어버렸다고 하죠. 자유주의자, 계몽주의자였던 고야의 입장도 이와 비슷합니다.

민중의 피로 얻은 승리인 프랑스 대혁명이 결국은 나폴레옹이라는 또 다른 황제를 불러왔고, 프랑스 계몽사상의 확산을 바라던 스페인의 자유주의자들은 프랑스 황제 나폴레옹의 군대로부터 침략당하는 모순적인 상황에 빠지게 된 것이죠.

1814년, 전쟁은 스페인 측의 승리로 끝나지만, 종교재판이 부활하는 등 스페인 사회는 반동으로 치닫습니다.

고야가 빛보다 어둠을 그린 데에는 진보와 반동이 얽힌 이러한 시대적 상황이 배경으로 깔려 있습니다. 고야 자신도 자유주의자이면서 궁정화가로 먹고산 셈이니, 내면에서부터 모순을 실감하고 있었을지도 모르죠. 서경식은 이렇게 표현합니다.

“분열과 모순을 자신 속에 끌어안으면서, 으드득 이빨이라도 가는 심정으로 가진바 전 능력을 쏟아 고야는 전쟁의 참혹과 역사의 비정을 그려냈다.”

노년의 고야는 '귀머거리의 집'이라 불리는 마드리드 외곽의 2층짜리 집에 기거하며 그 집 벽에다 「검은 그림」 시리즈 14점을 그립니다. 그즈음 전제정치가 부활하고 다시 자유주의에 대한 탄압이 시작되자 1824년 78세의 고야는 프랑스로 떠나 4년 뒤 보르도에서 객사합니다.

모순과 반동의 시대를 뚫고 살아온 고야의 마지막 작품인 「검은 그림」은 주로 신화, 종교, 마술 등을 소재로 하고 있습니다. 고야 자신의 불안과 두려움을 담아낸 매우 사적인 그림으로 보이기도 하고, 인간 존재의 근원적인 어두움과 우둔함을 직시한 그림으로 보이기도 합니다.

프라도 미술관을 인간의 어둠을 보여주는 석조극장 같다고 한 서경식에게는 잊을 수 없는 그림들이었겠지요.

‘어둠의 극장’에서 벨라스케스의 시대와 고야의 시대를 살펴보면서 서경식은 역사의 진보와 반동에 대해 생각합니다. 스페인에서 프랑스로 가는 야간열차 안에서 그 생각은 더욱 깊어집니다.

“그런데 유라시아 대륙의 서쪽 끝에 있는 반도를 달리는 밤 기차 속에서 새삼스럽게 나는 멀리 동쪽 끝에 맹장처럼 매달려 있는 우리 반도를 생각했다…….”

‘맹장처럼 매달려 있는’이란 표현이 재미있죠? 한반도가 겪은 20세기의 역사를 생각하면 안쓰럽기도 하겠고, 슬프기도 하고 화가 나기도 하겠지요. 그러다 자조적인 기분이 들기도 하고요. 이렇게 복잡한 감정이 뒤엉켜 있는 ‘맹장’이란 비유는 바로 뒤에 나오는 ‘우리 반도’라는 표현과 만나 묘한 울림을 주고 있습니다.

스페인 역사의 진보와 반동에 대해 성찰하던 서경식은 '역사 속의 개인'이라는 문제에 도달합니다. 그는 이렇게 말합니다.

"진보는 반동을 부른다. 아니 진보와 반동은 손을 잡고 온다. (…) 갔다가 되돌아섰다가 하는 그 과정의 하나하나의 장면에서 희생은 차곡차곡 쌓이게 마련이다. 게다가 그 희생이 가져다주는 열매는 흔히 낯 두꺼운 구세력에게 빼겨버리는 것이다."

희생당하는 개인들로서는 참으로 억울하고 불공평한 일입니다. 스페인뿐 아니라 20세기 한반도에서 벌어진 사건들도 마찬가지입니다. 그런데 그런 희생이 역사의 필연이란 사실을 어찌 쉽게 이해할 수 있겠습니까? 보티첼리의 요설보다 프라 안젤리코의 소박함에 끌리는 청년이, 장인적 연찬을 통해 보편성에 도달하고자 하는 청년이 그 사실을 받아들이기란 쉬운 일이 아닐 것입니다. 그가 벨라스케스나 고야를 보는 마음이 무거워지는 이유를 이해할 수 있을 것 같습니다.

1983년. 서쪽 반도에서 39년의 독재가 무너진 지 8년, 동쪽 반도에서 새 독재가 들어선 지 3년.
밤 열차 객실 구석에서 떠올랐다 사라지는 고야의 '검은 그림'들. 그중에서 모래인지 강인지도 알 수 없는 황색의 거대한 배경 속에 대가리만 겨우 보이는 개 한 마리.
"물론 이 개는 고야 자신이다.
하지만 그 당시 나는, 이 개는 나라고 생각했다."
그림을 보거나 글을 읽는 누군가일 수도 있는 개.

서경식은 이렇게 이야기합니다. 내 생애에 한 번은 바스크 땅에 발을 디뎌보고 싶었다고.
이유는 바스크 땅의 분단이겠지요. 바스크인들의 뜻과는 무관하게 스페인령과 프랑스령으로 갈라졌으니까요.
안다유역 승강장을 걸어서 국경을 넘으면서 '웃픈' 경험을 합니다. 스페인 국경 경찰이 자기 가슴께를 자르는 시늉을 하면서 "꼬레아? 남이오 북이오?"라고 묻고, 서경식은 말없이 엄지손가락을 아래쪽으로 해서 "남쪽"이라는 사인을 줍니다.
다른 나라 사람이 이 두 사람의 보디랭귀지를 보면 피식 웃겠지만, 분단된 나라의 국민으로서는 감회가 좀 다르겠지요. 더구나 조국 분단 때문에 혹독한 고초를 겪고 있는 사람이라면.
이쪽도 저쪽도 바스크 땅인데, 남들이 그어놓은 선 때문에 이런 블랙코미디 같은 상황이 벌어집니다.

"바스크 민족운동은 프랑코 정권의 압제 아래에서도 굽힘 없이 이어졌고(…) ETA(자유조국 바스크)와 스페인 정부 사이에는 지금도 일종의 전쟁상태가 계속되고 있다." 이 내용은 1983년 당시의 상황입니다.
프랑코는 바스크어를 금지하고 바스크 민족주의적 신념을 빌미로 사람들을 투옥, 고문하는 등 탄압을 계속했습니다. 분리 독립을 주장하는 바스크 민족운동은 더욱 격렬해졌습니다. 무장투쟁을 이끌어온 ETA는 스페인 민주화가 진행된 1980년대 이후 지지 기반이 약해졌고, 테러리스트라는 비난을 받아오다 2018년 자진 해체선언을 했습니다.
테러리스트라고 하니, 예전에 들은 이야기가 생각납니다. 김구 암살 사건이 벌어지자, 일본의 교도통신인가 어디에서 "테러왕, 테러에 가다"라는 제목으로 기사를 내보냈다고 합니다. 그 말을 듣고 저는 어린 마음에도 "일제시대 때는 일본이 대놓고 테러리스트라 불렀다 하더라도, 광복 이후에까지 일본이 그렇게 불러도 되는 건가?"하는 의문이 들었습니다.
한국 사람이 쓴 『테러리스트 김구』라는 책이 나온다는 얘기를 듣고 격세지감이란 말이 떠올랐습니다.

프랑스 바욘느의 보나 미술관으로 갑니다. 서경식은 레온 보나에 대해선 관심도 기대도 없었는데, 대여섯 살 소녀를 그린 「화가 누이의 초상」이 눈길을 붙듭니다.

"보면 볼수록 그리운 사람들에 대한 추억 비슷한 생각이 가슴 밑바닥으로부터 탄산수의 포말같이 솟아나는 것이다. 생각건대 나는 그러한 감정을 오랫동안 잊고 있었다."

여기서 좀 엉뚱한 상상을 해볼까요? 서경식 선생은 평생 차별과 불평등에 맞서 싸웠지만, 그 서경식이라는 사람 안에 작은 서경식이 여럿 있다고 말입니다.

다수의 작은 서경식들은 심장과 뇌 주변에 모여 삽니다. 벨라스케스와 고야의 어둠을 보고 우울해지는 것은 이 '다수/서경식'의 작용입니다.

나머지 소수의 작은 서경식들은 외곽에 흩어져 사는데, 가끔 자기가 서경식이 아닌 것 같아서 불안해하곤 합니다. '그리움이 포말같이 솟아나는' 것은 왼쪽 넷째 발가락 근처에 혼자 사는 '소수/서경식'이 갑자기 목소리를 낸 덕분입니다.

한 사람의 자아를 구성하는 여러 요소들 사이에도 다수와 소수의 구분 및 차별이 있다고 상상해보자는 얘기죠. 그렇게 보면, 보나의 그림 앞에서 서경식은 오랫동안 억눌려있던 내면의 어떤 요소가 깨어나는 순간을 경험했다고 할 수 있지 않을까요?

보나의 그림이 깨운 '소수/서경식'이 먼저 귀국한 누이를 생각합니다. "심술궂은 웃음을 날리기도 할 테지. 오싹하게 추운 신새벽에 혼자서 돌아온 때면 가고 없는 자들과 죽은 자들을 생각하겠지." 아주 구체적이고 생생한 모습으로 누이를 떠올립니다.
이는 누이가 귀국하기 전 파리에서 "운명이 누이의 어깨 위에 지워놓은 부당한 무게를 묵묵히 생각할 뿐이었다"라고 할 때와는 큰 차이가 있습니다. 그때는 '다수/서경식'이 생각했겠지요.
1991년에 쓴 에필로그에서 서경식은 첫 미술순례 당시를 이렇게 회고합니다. "두 눈 똑바로 뜨고 이 운명의 형태를 속속들이 지켜보도록 스스로에게 명령해왔"으며, "역사와 인간, 민족과 개인, 고향과 유망(流亡) 그리고 고통과 죽음 같은 것들에 대해서 거듭거듭 많은 것을" 느끼고 생각했다고. 이런 문제에 천착하는 '다수/서경식'이라 하겠는데, 그에게도 '소수/서경식'의 목소리는 꼭 필요합니다.
『나의 서양미술 순례』 첫머리에 첫 유럽 여행 당시 서경식이 느꼈던 부담감이나 죄책감에 대해 앞서 얘기했죠? 그것도 '다수/서경식'의 목소리겠지요. 그럼에도 "그게 내겐 꼭 필요해"라며 욕망에 솔직하게 반응한 것은 '소수/서경식' 덕분입니다. 그는 '글쟁이'가 됐고, 우리는 그의 글을 읽습니다.

역사와 죽음 그리고 그저 '운명'이라고밖에 할 수 없는 가혹한 현실에 사로잡혀 쫓기듯이 미술관, 수도원, 성당을 돌아다니던 서경식은 예상치 못한 곳에서, 기대하지 않았던 화가로부터 위안을 얻은 것입니다.
오랫동안 잊고 있었던 감정에 휩싸입니다. 단단하게 굳어있던 마음이 일순간 확 풀어지는 듯한 느낌이었겠죠. 잠시 머물다 사라지는 그 느낌은 바깥세상의 풀잎 하나 흔들지 못하지만, 지친 순례자의 땀을 식혀 줍니다.

레온 보나는 서경식이 보나 미술관에 도착할 때까지 그의 그림은 인쇄물로도 본 적이 없었다고 할 만큼, 보통 사람들에게는 잘 알려지지 않은 화가입니다.
19세기 후반에는 '토템'이라 불리며 프랑스 미술 아카데미의 정상에 있었던 화가였다고 합니다. 100년 만에 완전히 '듣보잡'이 돼버렸다는 얘기죠.
영화 「아마데우스」에 나오는 당대 최고의 작곡가 살리에리가 떠오르죠. 과장, 왜곡된 모차르트 영화 덕분에 후세 대중들이 자기를 알게 되고, 콘서트장과 라디오에서 자기 작품이 연주되는 것을 살리에리가 저승에서 본다면 어떤 기분일까요?
아무튼 안토니오 살리에리와 레온 보나는 안정적, 보수적 작풍으로 당대에는 큰 성공을 거두었으나, 시대가 변하자 곧 잊힌 예술가라는 점, 그리고 후대의 거장을 길러낸 훌륭한 교육자로서 높은 평가를 받는다는 점에서 무척 닮았습니다.

'소수/서경식'에게 잠시 자리를 내줬던 '다수/서경식'이 돌아와 한 가지 의문을 제기합니다.
"나에겐 이 그림이 특별한 느낌을 불러일으켰는데, 난 왜 이 화가에 대해 아무것도 몰랐던 거지?"
그래서 레옹 보나에 대해 알아봅니다. 변방의 이단아들이었던 인상파 화가들이 당시 지배적 주류 화가들을 밀어내고 서양미술사의 적통을 계승하자, 보나와 같은 살롱 화가들은 바닥으로 곤두박질쳐 대중들에게 거의 잊혔다는 사실을 알게 됩니다. "하물며 인상파 아니면 해가 뜨지도 않는다고 생각하는 일본에서는 그 적방인(반대편에 있는) 보나 같은 화가를 누가 쳐다보기나 할 것인가." 보나에 대해 아무것도 몰랐던 이유를 찾았습니다.

'다수/서경식'은 이유를 찾은 것에 머무르지 않고 한 걸음 더 나아갑니다.
"하지만 바로 거기에서 나는, 평가나 명성이 정해진 것만을 감지덕지 고마워하며 만족해하는, 뒤집어진 공식주의 냄새를 맡는다. 그것은 결국 싸움의 승패가 판가름난 뒤에야 승자 편에 가 붙는 꼴이 아니고 뭔가." 그리고 "미술사에 국한해서"라는 전제를 달긴 하지만, "변화와 진보를 긍정하기 위해서는(…) 전통이나 보수를 시대적 조건의 문맥 속에서 허심탄회하게 바라보지 않으면 안 된다."라고 일갈합니다.
서경식이 늘 경계해 온 '공식주의'가 어느새 자기 내부에도 작은 똬리를 틀고 있었다는 사실을 깨닫는 순간이 아니었을까 싶네요.
제게는 청년 서경식의 이 말이 오히려 결기에 찬 선언으로 들립니다. 허심탄회하게 바라본다는 것은 아집에 빠져 굳어버리지 않겠다는, 그래서 늘 열린 태도로 올바른 판단과 행동을 하겠다는…….

보나의 「화가 누이의 초상」이 서경식의 개인에게는 다 빈치의 「모나리자」보다 더 살가운 그림이겠지요. 미술사가의 관점으로 보면 비교할 수 없는 위상의 격차가 있겠지만, 보나의 그림은 서경식 개인적 서사의 일부가 됐으니까요.

남들은 눈치채지 못한 작품의 어떤 요소가 나도 잘 인식하지 못하고 있던 내 안의 어떤 요소와 감응해서 놀라운 경험을 하도록 만들기도 합니다. 이런 경험은 남들과 공유하기는 어려워 '조회수'나 '좋아요'에는 도움이 안 될 겁니다. 하지만 당사자에게는 소중한 기억으로 남겠지요. 그래서 감상자로서, 독자로서 자신의 느낌에 솔직해지려는 노력이 필요합니다.

이렇게 서경식은 보나에 대해 좀 알고 나니, 새로이 흥미로운 부분이 생깁니다.
보나는 한창 바스크 민족주의가 일어나던 시기를 살았는데 "바스크에서 태어나 마드리드에서 자라고 파리에서 성공한 그가 스스로의 귀속처로 의식하고 있은 것은 도대체 '스페인이냐, 프랑스냐, 아니면 바스크냐?' 하는 것"입니다.
그러나 답을 찾을 수 없습니다. 역사는 패자의 정보를 그리 많이 갖고 있지 않습니다.
그렇다면 모어와 모국어가 다른 사람, 고교 시절 '방문단'으로 조국 땅을 딱 한 번 밟아본 사람, 그 조국으로 인해 온 가족이 10여 년째 말할 수 없는 고통을 당하고 있는 사람이 스스로 귀속처로 의식하고 있는 곳은 도대체 어디였을까요? 한국 독자들에게 던져지는 질문입니다. '흥미로운' 게 아니라 가슴이 아린 질문.

서경식은 보나 미술관에서 또 한 그림에 끌립니다. 호세 데 리베라의 「머리를 쥐어뜯으며 절망하는 여인」입니다. 보나는 어린 누이동생을, 리베라는 성인이 된 누이동생을 연상시킨 것일까요?

"…… 버둥거리면 버둥거릴수록 속수무책의 불행을 엮어내고 마는, 그러한 삶이 있는 법이다."

스페인 프라도 미술관에서 흠뻑 쐰 독기가 이곳에서 중화된 덕분인지, 다소 감상적으로 들리는 말을 되뇝니다. 하지만 거기에 빠지지는 않습니다.

숙소로 돌아오는 길, 서경식은 바스크의 하늘에 뜬 달을 보고 그는 자기가 좋아하는 루쉰의 「고향」 한 구절을 떠올립니다.

"생각하건대 희망이란 본시부터 있다고 할 수 없고 없다고도 할 수 없다……" 이때 그의 머리에 떠오른 루쉰의 말은 이렇게 번역할 수도 있지 않을까요. "버둥거릴수록 불행을 엮어낸다 해도 버둥거려봐야지 어쩌겠니, 우리는……"

여기서 '우리는'이라고 한 것은, 누이를 측은하게 바라보는 오라비의 입장과 달리, '가고 없는 자들'(형/오빠)과 '죽은 자들'(부모)을 생각하며 '생활'을 각자 해나가야 하는 동지이자 오누이의 모습이 보이기 때문입니다.

루쉰의 자전적 소설 「고향」은 "희망이란 본시부터 있다고 할 수 없고 없다고도 할 수 없다"에 이어 "그것은 마치 땅 위의 길과 같은 것이다. 사실 땅 위에는 본래 길이 없었다. 걸어가는 사람이 많아지면서 곧 길이 된 것이다."라는 구절로 끝납니다.

이 부분은 이쪽저쪽에서 많이 인용합니다. '지금은 부족하지만, 여러분들께서 많이 동참·응원해 주신다면 성공할 수 있습니다.'라는 일종의 '영업용 멘트'로 써먹습니다.

그러나 루쉰은 헛된 희망을 전하려고 한 것이 아닙니다. 『나의 서양미술 순례』 에필로그에서 마흔의 서경식은 지난 20년을 회고하며 루쉰의 이 구절을 변주합니다. 이게 루쉰의 뜻에 가까운 것 같습니다.

"지나간 20년의 세월에 배운 것이 있다고 한다면 희망이라는 것의 공허함일지도 모르겠는데, 뒤집어 생각하면 그것은 도리어 쉽게 절망하는 것의 어리석음이라 할 수도 있다. 그 희망과 절망의 틈바구니에서 역사 앞에서 자신에게 부과된 책무를 이행할 뿐이다."

4부

「화가 누이의 초상」을 지나면서 책의 흐름은 또 한 번 방향을 틉니다.
부모형제들과의 관계 속에서 '나'를 살펴보고, 역사·민족 등 큰 흐름 속에서의 '나'를 고민한 뒤에 서경식의 시선은 자기 내부로 향합니다. 이제 욕망, 죽음 등 인간 존재의 근원적인 문제에 다가갑니다.
『나의 서양미술 순례』는 이렇게 여러 차원에서 서양미술을 매개로 하여 '나'를 찾아가는 순례 이야기라고 할 수 있겠습니다.

1985년 런던 방문 때의 이야기를 쓴 「상처를 보여주는 그리스도」의 첫 부분에서 서경식은 대영박물관과 내셔널 갤러리는 2년 전에 한번 봤다면서, "반다이크, 홀바인 혹은 내셔널 갤러리에 있는, 회화사상에서도 특별히 두드러지게 에로틱한 브론치노의 「우의」…… 한 번 더 보고 싶은 그림은 많다"라고 합니다. 하지만 안 가 본 곳을 가보자는 가벼운 마음으로 빅토리아 앤드 알버트 박물관으로 갑니다.
눈치 빠른 독자라면 '다른 화가는 이름만 말하고 브론치노는 작품명을 슬쩍 흘리는 걸 보니 이 글의 주제는 에로스나 욕망쯤 되려나'하고 추측할 수도 있겠네요. 「비너스와 큐피드가 있는 알레고리」라는 제목으로 잘 알려진 이 유명한 그림은 사랑과 욕정에 대해 많은 이야깃거리를 제공해 온 그림이니까요.

빅토리아 앤 알버트 박물관 중세회화실에 순교자 성 조지의 제단화가 있는데, 여러 가지 끔찍한 고문과 처형 모습이 그려져 있습니다.

성 조지는 로마황제의 근위대 군인이었는데, 개종을 거부해 끔찍한 고문을 당하고 순교했다고 합니다. 나중에는 기사·군대의 수호성인으로 추앙받게 됩니다. 특히 용을 죽이고 여성을 구하는 영웅 전설과 결합해, 기독교 세계 바깥을 용으로 악마화하고 그에 대한 혐오와 폭력을 정당화하는 데 이용됩니다. 흰 바탕에 붉은 십자가가 그려진 성 조지의 십자가 깃발은 십자군을 상징하는 깃발로 사용됐습니다. 그 후 기독교 세계 밖에 있는 이교도들을 굴복시키고 기독교 세계로 인도하는 것은 의무라는 논리는 기독교 선교와 제국주의를 연결하는 역할을 했다고 볼 수 있겠습니다.

서경식이 성 조지에 관한 이런 사실을 염두에 두고 글을 쓴 것인지는 알 수 없지만, 아무튼 앞으로 전개될 이야기는 기독교, 제국주의를 키워드로 읽을 수 있습니다.

"독일인으로 보이는 젊은이가 여러 장의 사진을 찍고 있었는데, 나는 그날따라 카메라를 두고 와서 부럽기도 하고 아쉽기도 했다.
중세회화실 옆에 중세조각 코너가 있었다."
중세회화실에서 중세조각 코너로 넘어가면서 카메라를 두고 왔다는 얘기를 딴전 부리듯 슬쩍 하네요. 이것도 계산된 것일까요?
그렇습니다. 서경식은 중세조각 코너에서 처음 만난 '예사롭지 않은 것', 즉 채색 테라코타상 「상처를 보여주는 그리스도」에 마음을 빼앗겨 1년 뒤에 다시 런던을 방문합니다. 그동안 "사진 한 장도" 없어서 기억에 대한 불신이 싹트기까지 했다는 얘기가 몇 페이지 뒤에 나옵니다. 놓치고 지나가도 문제없지만, 책을 차근차근 읽으면 맛볼 수 있는 작은 재미입니다.

1985년 런던 방문 때에 겪은 몇 가지 에피소드를 들려줍니다.
난방이 고장 났는데도 무신경하게 대응하는 호텔 직원들의 태도, 새벽에 나이지리아에서 걸려 온 전화를 엉뚱한 방으로 연결해 준 사건, 파키스탄계 약국 주인에게 겨우 항생제를 구한 일 등인데 모두 '제3세계 사람들'이라는 공통분모로 묶입니다.
잘못 연결해 준 전화를 받은 서경식이 나이지리아에서 전화를 건 사람에게 친근감을 느껴 속으로 생각한 말이 재미있습니다. "……친구여, 우리들 제3세계 사람들에게 서구는 이렇듯 불친절하다오. 하지만 그렇다고 해서 어떻게 되는 것도 아니오."
무관한 사건들이지만 공통점을 찾아서 삽화 한 대목을 구성했군요. 이곳이 대영제국의 수도 런던이라는 점에서 앞서 나온 성 조지와 관련지어 읽을 수도 있겠습니다.

오른쪽 옆구리의 상처를 손가락으로 벌려 보여주는 테라코타를 보고 서경식은 큰 충격을 받은 것 같습니다.
“참으로 송구스러운 노릇이나 나는 무어라 표현하기 어려운 잔인한 생각에 사로잡혔다. 그것은 차라리 외설에 가깝다”라고 합니다.
또 당시 수첩에는 흐트러진 글씨로 이렇게 적혀있다고 합니다.
“회개하라, 하는 것인가……
이것은 이미 영육상극(靈肉相剋)은 아니다. 여기서 영(靈)은 곧 육(肉)이다.”
다소 모호하게 써놓았지만, 이 말은 이 테라코타에서 자신은 영적인 것, 종교적인 것은 전혀 느끼지 못했고, 오로지 육체적인 어떤 연상이나 생각에 사로잡혔다는 뜻으로 읽힙니다. 그리고 그 육체적이란 것도 결국은 성적 욕망과 관련된 것임을 암시하고 있습니다.
그래서 글머리에서 브론치노의 「비너스와 큐피드가 있는 알레고리」를 통해 먼저 넌지시 운을 떼 놓은 것 같군요.

서경식은 그다음 해에 미국 갈 일이 있었는데 이 작품 때문에 일부러 영국으로 건너갑니다. "(그 1년 동안) 나는 마치 무엇에 씌인 듯이 만나는 사람에게마다 그것이 얼마나 별스러운 것인가에 대해 떠벌렸던 것이다." 스스로 '무엇에 씌인 듯'이란 표현을 할 정도로 서경식은 그 테라코타에 사로잡힙니다.

다른 미술작품에 대해서는 간명하고 명쾌하게 자신의 감상을 전했는데, 이 '물건'은 처음 봤을 때 눈을 떼지 못했고 자기 느낌을 정리된 말로 표현해내지 못합니다. 그래서 이 테라코타에 대해서는 여전히 혼란스러워합니다. 동물들은 개체 보존 본능, 종족 보존 본능을 갖고 있습니다. 그에 따라 식욕과 성욕이 생기고, 먹고 짝짓기를 하면 긴장 상태가 해소됩니다. 그런데 인간은 그것이 개체 보존, 종족 보존을 위한 욕구와 쾌락(향락)을 위한 욕망으로 분화됩니다. 욕구는 채워질 수 있지만 욕망은 채워지지 않고 결핍된 상태로 계속 대상을 옮겨 다닌다고 하죠. 이 '물건'이 욕망의 원인이라고 할 만한 어떤 내밀한 부분을 건드린 것 같아요. 그래서 억지로 용건을 만들어 런던에 갈 만큼 집착을 하게 됩니다.

두 번째로 빅토리아 앤 알버트 박물관을 찾아갔을 때에는 공교롭게도 실내에 칠을 다시 하느라 「상처를 보여주는 그리스도」가 비닐시트에 싸여있습니다. 그래서 사무실로 찾아가 그 작품의 사진으로 보고, 사진을 일본으로 우송 받습니다.

서경식은 두 번째 방문 이후에도 이 테라코타상이 고통스러워하는 모습이라고 했다가, 황홀해하는 모습이라고도 합니다. 또 신의 아들이 아니라 인간으로 표현해도 괜찮은 것인지, 당시 사람들은 이것을 보고 어떻게 생각했는지 등등 여전히 혼란스러워합니다.

그의 마음속에는 여전히 야생마처럼 어떤 것이 날뛰고 있는 것 같습니다. 그것은 도대체 무어라 이름 붙일 수도 없고, 정확하게 파악할 수도 없습니다. 그저 '심리적 에너지'라고나 할까요.

또 해가 바뀌어 1987년, 서경식은 이 '이색적 그리스도상'과 관계되는 무엇인가를 찾아서 로마, 바로셀로나 등을 돌아다녔는데, 그리스도가 직접 상처를 헤집어 보여주는 것은 볼 수 없었다고 합니다.

그러나 기차에 우연히 동석하게 된 늙은 가톨릭 수사로부터 요한복음에 나오는 '불신의 도마(의심하는 성 토마스)'를 테마로 한 것이라는 말을 듣습니다. 사도 도마가 예수가 부활했다는 말을 믿을 수 없어 그분의 손과 옆구리의 상처에 자기 손을 넣어보지 않고는 믿지 못하겠다고 했고, 여드레 뒤에 나타난 예수가 도마에게 손을 넣어보라고 했다는 장면입니다.

그러나 서경식은 설명을 듣고도 '이색적인 그리스도상'에 대한 집착은 전혀 줄어들지 않았다고 말합니다. 이때쯤은 증상이 꽤 심각하군 하는 생각이 들었을지도 모르겠네요.

같은 주제의 그림은 종종 봤다고 하면서 포츠담의 미술관에 있는 카라바조의 '불신의 도마' 걸작을 꼭 보고 싶다는 말로 이 글은 맺습니다.

그리고 잡지에 발표된 이 글을 읽은 옛친구에게 받은 부다페스트 미술관 도록에서 이와 비슷한 베로키오의 그리스도상을 보았다는 글과 그 도판을 추가로 실어놓았습니다.

그로부터 10여 년이 지난 2001년, 서경식은 카라바조의 '토마스의 불신'에 대한 글을 발표합니다. 2009년에는 그 글을 수정·보완해 『고뇌의 원근법』에 「문을 열어젖히는 자」라는 제목으로 싣습니다.
이 글에서 그는 "손가락 두세 개를 시커먼 구멍에 집어넣어 보고 싶은 욕망이 엄습해 당황하지 않을 수 없었다. 명백히 보는 이에게 그런 욕망을 자극하려는 의도가 있는 작품이라 의심하지 않을 수 없었다." 고 고백합니다. 그리고 식탐이 먹는 자체의 쾌락 추구를 위한 욕망으로 분화 혹은 일탈한 것과 마찬가지로 "화가들이 보고 그리는 욕망 자체의 눈을 뜨게 되는데 카라바조야말로 이 쾌락을 추구하는 일에 철저하게 충실한 훌륭한 예술가"라고 결론을 내립니다.

서경식은 처음 「상처를 보여주는 그리스도」를 보고 와서 1년 동안 만나는 사람마다에게 그 이야기를 했다고 합니다.
신교, 구교 합하면 인구의 사분의 일이 크리스천이며, 밤이면 불 밝힌 십자가들이 군데군데 빛나는 한국에서였다면, 기독교 인구가 1%도 안 되는 일본과는 사정이 달랐을 수 있습니다. 그 말을 들은 누군가가 요한복음 이야기를 해주었거나, 적어도 잘 아는 성직자를 소개해 줄 수 있었을 테니까요.
예수의 옆구리 상처는 십자가에 매달린 예수가 죽었는지 확인하기 위해 로마 병사가 창으로 찔러서 생긴 것입니다. 그리스도의 오상 즉 양손, 양발, 옆구리의 상처 중에서도 직접적이고 확실한 죽음의 증거입니다. 그러니까 옆구리 상처는 몸에 새겨놓은 '사망진단서'와도 같은 것이고, 동시에 가장 확실한 '부활의 증거'가 되는 것입니다.
저 그리스도상을 만든 사람의 의도는 믿음이 흔들리는 사람에게 그리스도의 부활을 의심하지 말라고 독려하는 것일 테지요.
이런 배경지식 없이 상처를 헤집어 보여주는 그리스도상을 본 서경식은 특히 검은 상처를 보여주는 행위에 집중합니다. 그리고 저것을 매일 보는 당시 사람들은 도대체 무슨 생각을 했을까 궁금해하죠.

페니실린과 포스트잇은 실수나 실패에서 탄생한 발명품이라고들 합니다. 이 「상처를 보여주는 그리스도」에 대한 서경식의 탐구도 그에 견줄 만합니다.

기차에서 가톨릭 수사로부터 요한복음 이야기를 듣고도 집착이 그대로였다는 것은 그가 이미 출발점으로 돌아가기에는 너무 멀리 왔기 때문이겠죠. 아무런 선입관 없이 그 '물건'을 순수하게 조형적으로 보았고, 거기서 어떤 깊은 곳을 찔린 듯한 경험을 했고, 거기에 이끌려 여러 곳을 찾아다니며 계속 질문을 해왔던 것입니다. 그래서 그는 그 길을 계속 가기로 했고 마침내 카라바조가 열어젖힌 '보고 그리는' 인간의 욕망과 기독교라는 새로운 주제에 도달합니다.

처음부터 이 테라코타상이 부활에 대한 믿음을 독려하는 것이라고 이해했다면, 그다지 예술성이 뛰어난 작품도 아니니 시간이 좀 지나면 기억도 하지 못했겠지요. 혼란스러운 상황임에도 그는 자신에게 떠오른 의문을 포기하지 않고 끝까지 추적하고, 그 과정을 솔직하게 글로 써냈습니다.

비유하자면 처음에 길을 잘못 들었으나 혼자 계속 가다 보니 다른 사람들은 상상도 하지 못한 멋진 풍경을 만난 격이라고 하겠습니다.

「젊은 부르델의 자화상」은 서경식이 자신의 젊은 시절을 회상하는 내용이 중심이 됩니다.
1990년 도쿄의 수입 미술 서적을 파는 가게에서, 7년 전 파리에서 본 부르델의 자화상이 실린 화집을 구입한 이야기로 시작합니다. 그리고 글은 1983년 첫 여행 중 스트라스부르에서 파리로 가는 기차로 이어집니다.
영어를 잘하는 중년 부인과 이런저런 대화를 나누다가 파리 근교에서는 샤르트르 대성당이 제일이라는 얘기를 듣는 장면을 전해줍니다.
서경식은 여행 중에 별로 얘기를 하지 않는 편인데 그 부인과 얘기를 나누게 된 것은 어느 나라 사람이냐는 질문에 그녀가 '프랑스 사람'이라고 하지 않고 '브르타뉴 사람'이라고 대답한 게 재미있어서였다고 합니다.
프랑스의 서쪽 끝에 있는 브르타뉴 지방에는 켈트족이 살고 있습니다. 브르타뉴라는 이름도 영국 본토 브리튼과 같은 어원이고, 켈트어의 하나인 브르타뉴어도 아직 남아있습니다.
그가 유럽 여행 중에 지역 자체에 관심을 보인 곳은 바스크, 바르셀로나, 스트라스부르, 브르타뉴 등 주로 소수민족이 사는 지역인데, 그 이유는 충분히 짐작되죠.

샤르트르의 거리 모퉁이에서 서경식은 "멋진 대독 레지스탕스 기념비가 있었다."라고 합니다. 이 문장 이외에 한 마디도 덧붙이지 않고 이야기가 넘어갑니다.
찾아보니 프랑스 국내 저항운동을 통합한 지도자 장 물랭의 기념비입니다. 장 물랭은 1940년 나치 점령지역의 도지사였는데, 나치의 요구를 묵살하는 바람에 체포돼 고문을 받던 중 유리 조각으로 목을 찔러 자살을 시도했습니다. 이 상처를 가리기 위해 목수건을 두른 그의 모습은 그의 상징으로 유명해졌습니다.
서경식의 둘째 형 서승도 고문을 견디다 못해 석유난로를 끌어안고 자살을 기도해, 얼굴에 심한 화상을 입었습니다.

샤르트르 대성당을 방문한 날의 수첩에는 이렇게 적혀 있다고 합니다. "말로만 듣던 스테인드글라스의 블루. 그리고 조각들. 깊은 슬픔, 인간의 슬픔…" 스테인드글라스와 조각들에서 탄성을 지를 만큼 감동을 받았는데, 또한 깊은 슬픔도 느꼈다는 겁니다.
샤르트르 대성당이 사람들에게 조화와 안정을 느끼게 해주지만, 지어질 당시 사람들에게는 거대한 수탈의 현장이었을 것이란 생각이 들었기 때문입니다.
슬픔과 함께 인식하게 된 이러한 모순은 파리로 돌아오는 전차에서 만난 외국인 노동자들의 모습, 그리고 살길을 찾아 일본으로 건너와 밑바닥 노동에 시달렸던 할아버지, 아버지의 모습을 떠올리게 만듭니다.
그리고 자신이 스페인 프랑스 국경에서 불법체류를 의심받은 일을 얘기한 뒤, 과거 식민지였던 나라 출신의 가난한 사람들이 겪는 현실을 이야기합니다.
"그 길을 통하여 군대와 장사꾼과 성직자들을 송출하고, 그 길을 통하여 모든 부를 반입한 자들은 인간들만은 한사코 통과시키지 않으려고 빈틈없는 관문을 설치하여 기어 올라오는 사람들을 부지런히 밀어 던지고 있다."
대성당 건물이 지어지던 시대 한 지역에서 벌어지던 수탈 구조가 글로벌 차원으로 규모가 확대되어 그대로 이어지고 있습니다.

샤르트르에 다녀온 다음 날 부르델 미술관을 찾아간 서경식은 전날 본 대성당의 조각들을 떠올리며 예술의 진보에 대해 생각합니다.

조각이 건축의 일부로 취급받았고 석공들도 개성을 발휘할 생각을 하지 않았을 시절과 로댕, 부르델 시대를 비교해 봅니다. 로댕이 "그리스의 거장들이여 고딕의 거장들이여, 나는 저 발작 상으로 조금은 당신들에게 가까이 다가가지 않았을까?"라고 한 말을 떠올립니다.

그리고 르네상스 이후 조각가들은 자신의 개성과 독창성을 믿고 자기가 가진 전 인간력을 기울여야 비로소 과거로부터 전해진 것에 무언가를 보탤 수 있었을 것이라고 진단합니다. 부르델의 작품 중에는 '빈사의 켄타우로스'에서 그런 흔적을 느꼈다고 합니다.

그러면서 20대를 어영부영 보내버린 자신은 전 인간력을 기울일 일을 찾지 못하는 게 아닐까 불안해합니다. 앞에서 '과묵한 장인적 연찬과 수련'을 얘기했던 서경식의 고민이 더욱 절실해졌습니다.

서경식은 스무 살 때의 기억을 한 가지 들려줍니다. 대학 신입생인 자신에게 조선어를 가르쳐준 2년 선배 여학생과의 추억입니다. 그 사람은 조선인을 아버지로 둔 도쿄에서 태어난 사람이었는데, 늘 생글거리는 얼굴이었지만 서경식은 지독히 불행할 수밖에 없는 사람으로 인식했다고 말합니다. 그러고는 이렇게 씁니다.

"나는 그 불행에 몸을 맡기고 싶다고 생각했다."

스무 살 청년의 이 말은 그녀를 사랑했다는 말로 읽어도 되지 않을까요? 어느 날 술에 취해 그녀에게 고백인지 아닌지 알쏭달쏭한 말을 했는데, 얼마 후 신문에서 서울에 유학 중인 형들이 구속됐다는 기사를 읽었다는 말로 이야기를 끝냅니다. 그 순간 사랑도 끝나버렸다는 뜻일까요? 슬프면서도 아름다운 이야기를 매우 압축적으로 들려줍니다.

이 에피소드의 10년 후 이야기가 『소년의 눈물』에 나옵니다. 그녀는 지방의 모 국립대학의 조교수가 됐고, 대기업에 근무하는 일본인과 결혼해 남편 성을 따르고 있었다고 합니다. 서로 대화가 어긋나기만 했지만, 그 선배는 서경식이 구하고 싶어 하는 조선 시집을 선물합니다. 이 두 사람을 연결해 준 것도 한반도의 역사이지만, 이 역사 때문에 또 두 사람이 헤어졌다고 볼 수도 있지 않을까요?

여기서 잠깐 번역에 대해 몇 가지 짚고 넘어가겠습니다. 『나의 서양미술 순례』가 번역된 지 30년이 넘다 보니 지금 독자들에게는 매끄럽게 읽히지 않는 곳이 눈에 띕니다.
국어사전에 없는 한자어, 사전에 올라 있어도 실생활에서 거의 쓰이지 않는 한자어들이 종종 나옵니다. 예컨대 정밀(靜謐), 화학도(畫學徒), 대왕생(大往生), 불령(不逞), 무괴(無愧), 겁벌(劫罰), 암매(暗昧), 몽마(夢魔), 수도녀(修道女) 등.
또 '빈사의 켄타우로스', '불신의 도마'도 어색합니다. 조사 '의'를 이렇게 사용하는 것이 어법에 어긋나는 것은 아닐지 몰라도 '죽어가는 켄타우로스', '의심하는 도마' 혹은 '불신하는 도마'가 더 자연스러운 우리 말입니다.
그리고 외국어 표기도 일본식 발음을 그대로 옮겨놓아 우리 표기법과 다른 경우가 있습니다. (창비의 외국어·외래어표기법은 논외로 함) 헤랄드 다비드에서 '헤랄드'는 원어가 Gerard이므로 '헤라르드'라고 표기해야 합니다. '부르따뉴'도 B와R 사이에 모음U가 없으니 '부르'가 '브르'로 적어야 합니다.
이 밖에도 번역 투의 문장도 가끔 보입니다. 새 번역본이 나오면 좋겠습니다.

이제 첫 여행의 마지막 미술관, 28번째 미술관인 런던의 내셔널 갤러리로 갑니다.

내셔널 갤러리에서 본 그림 중에서 특히 플랑드르 회화실에서 본 작품들에 대해 이야기합니다. 『나의 서양미술 순례』 처음에 소개한 「캄비세스왕의 재판」도 플랑드르 지방의 북유럽 르네상스 그림입니다.

이 그림들이 서경식에게 깊은 인상을 준 것이겠지요. 추측하자면 플랑드르 지방의 북유럽 르네상스는 신이 모든 것을 지배하던 시대에서 벗어나 개인으로서 인간이 깨어나기 시작하는 때입니다. 서경식은 20대 시절을 어영부영 보내버렸다고 자책하고 있지만, 부모님도 세상을 떠나 독립적으로 '생활'을 시작할 시기입니다. 희망도 절망도 없이 주어진 책무를 다하겠다는 다짐을 하고 있는 청년에게 사실주의적인 플랑드르 회화가 마음에 와닿았겠지요.

꼭 봐야겠다고 마음먹고 있었던 반 에이크의 「아르놀피니의 결혼」을 비롯해, 로히르 반 데르 바이덴, 페트루스 크리스투스, 디르크 보츠, 한스 멤링 등의 명화들 가운데서 서경식은 군계일학으로 반짝이는 작은 초상화를 만납니다.

"피가 흐르지 않는 자들 가운데 오직 하나 살아있는 사람 같다. 손을 대볼 수가 있다면 살갗을 통해 따스한 체온이 전해져올 것만 같다."라는 찬사로 시작한 이 '그림과의 대화'는 다음다음 페이지까지 이어집니다. 마지막을 장식하는 찬사는 이렇습니다. "여기서 내가 보는 것은, 긴 중세기가 끝나려 하는 시대에 걸맞고 또한 플랑드르라는 땅에 어울리는, 극히 조심스럽기는 하되 이미 밝은 세속의 빛에 비춰진 인간의 얼굴이다. 그것이 내 눈에는 아름답다."

이 그림을 보고 떠오른 생각과 감정을 그대로 옮긴 글인데, 다른 그림에 비해 말이 많지만 군더더기 없이 매끈합니다. 어떻게 보면 자기가 평소 품어오던 이상형을 이 그림에 투사해서 쓴 글이 아닐까 싶어요.

서경식은 그림 속 모델에 대한 사랑 고백과 같은 찬사를 한 뒤에 그림을 그린 사람이 캄핀으로 추정된다는 사실, 당시 초상화의 공통적 특징을 잠시 설명합니다. 그리고 좀 차분해진 말투로 모델이 아닌 그림에 대한 칭찬을 덧붙입니다.

"그녀는 한갓 그림 속의 인물이 아니라 500년 전의 플랑드르 지방에서 실제로 생활하며 울고 웃고 했던 인물이다. (…) 리얼한 실재감이란 바로 이런 것을 말하는 것이다. (…) 이 「부인상」은 철저한 사실의 극치로서 젊은 여성의 내면에 있는 아련한 인간적 기미까지 그려내는 데 성공하고 있다."

다비드의 「피에타」에 대해 "가열한 사실 정신은 이와 같은 마음의 깊이에 도달할 수 있는 실마리를 화가에게 제공했음 직하다. 과묵한 장인적 연찬과 수련만이 보편성에 이르는 길을 열어주는지도 모른다."라고 했던 말과 같은 뜻을 전하려는 것 같습니다.

그리고 "소중히 가져온 「부인상」의 도판은 그때 이래로 내 침실 벽에 걸려 있는데, 지금도 가끔 나와 그녀는 5백 년의 시간을 뛰어넘어 대화를 나누고 있다"고 말합니다. 자신이 만든 조각과 사랑에 빠진 그리스 신화의 피그말리온이 떠오릅니다. 서경식은 자신이 '발견'한 그림과 사랑에 빠졌습니다.

「부인상」의 작가가 로베르트 캄핀으로 추정된다는 고증에 대해 서경식은 '아마추어적 의문'이라고 전제하면서 조심스럽게 의문을 제기합니다. 그리고 과연 이 그림이 캄핀의 작품이 맞는가 하는 의문이 미술관 순례를 그만둘 수 없는 원인의 하나가 됐던 것 같다고 털어놓습니다. 그리고 "마음 내키는 대로 돌아다니고 있을 때도 플레말르의 화가(≒캄핀)의 대표작이라는 것에 자연스럽게 관심이 가고, (…) 그것은 「부인상」에 그려진 여성의 모습을 찾아다니고 있는 일이기도 하다"라고 덧붙입니다.
1983년 유럽 여행의 막바지에 다시 유럽 여행은 하지 못할 것이므로 '최후의 미술관'으로 생각하고 찾아간 내셔널 갤러리에서 발견한 그림이 이후에도 계속 미술관 순례를 하도록 만들었다는 이야기입니다.
이것은 그림과 사랑에 빠진 사람에게 보낸 아프로디테의 선물이라 해도 괜찮지 않을까요? 피그말리온의 사랑에 감동한 아프로디테가 조각상을 사람으로 변하게 해준 것처럼 말이죠.
이러한 다소 낭만적인 해석에 거부감이 느껴진다면, 계속 미술관을 순례하고 싶은 욕망이 「부인상」에 대한 애착으로 나타난 것이라고 할 수도 있겠네요.

「부인상」의 화가와 관련해 의문을 제기하면서 그가 제시한 사실을 보충·정리하면 다음과 같습니다.
* 캄핀은 생애에 대해서는 기록이 있으나 작품에 대해서는 기록도 서명도 없다. 비슷한 시대에 활동한 얀 반 에이크가 작품에 이름을 남기는 데 열심이었던 것과 대조적이다.
* 슈테델 미술관이 19세기 중반 어느 수집가로부터 작자미상의 15세기 초 작품 3점을 구입했다. 그 화가는 플레말르의 화가로 불렸고 그가 누구인지에 관심이 모아졌다. 캄핀이 플레말르의 화가라는 주장이 거의 받아들여지고 있다. (수집가가 플레말르의 수도원에서 나온 작품이라고 말했으나, 나중에 플레말르에는 수도원이 없었다는 사실이 밝혀졌다.)
* 캄핀과 플레말르의 화가가 동일인이라면 플레말르의 화가의 작품으로 알려진 「난로 가리개 앞의 성모」와 「부인상」의 화가가 동일인이라는 것인데, 두 그림의 인물에서 공통점은 전혀 찾을 수 없다.
* 그럼에도 두 화가가 동일인이라면 캄핀은 의뢰인의 주문에 따라 어떤 형태로든 그려낼 수 있는 철저한 장인이자 다중인격적인 천재였을까? 그래서 그의 작업은 늘 무서명이었고, 이런 현상은 중세에서 르네상스로 넘어가는 과도기여서 가능했던 게 아닐까?

서경식의 이러한 의문은 나름의 설득력을 가지고 있습니다. 플레말르의 화가가 누구인가는 지금도 논쟁 중인 사안입니다. 하지만 대체로 플레말르의 화가의 작품으로 알려진 그림들은 캄핀의 공방에서 캄핀과 그의 제자였던 자크 다레, 로히어 반 데르 바이덴이 작업한 것이라는 주장이 받아들여지고 있습니다.
그래서 캄핀의 작품으로 알려졌던 작품들 중에서 지금은 캄핀의 공방(Workshop), 또는 캄핀의 추종자(Follower)로 표기되는 경우도 있습니다. 서경식이 의문의 근거로 제시했던 「난로 가리개 앞의 성모」는 런던 내셔널 갤러리 홈페이지에 '캄핀의 추종자'로 적혀있습니다.
또 '캄핀으로 간주됨(ascribed to Robert Campin)'으로 되어있었다는 「부인상」은 현재 'ascribed to'가 없어지고 캄핀의 작품으로 나옵니다.
지금은 이 부인상이 같은 미술관의 붉은 모자(샤프롱)를 쓴 남성의 초상화와 짝을 이루는 작품으로 밝혀졌습니다. 누구인지는 알 수 없지만 부부인 두 사람은 투르네 출신의 부유한 마을 사람이었을 것으로 추정됩니다.
아무튼 플레말르의 화가가 누구인가 하는 문제는 미술사가들에게는 중요한 일이겠지만, 일반 감상자로서는 그 그림들이 아직도 누군가의, 어쩌면 나의 마음을 뒤흔들어놓을 수도 있다는 점이 중요하겠지요.

플레말르의 화가의 작품에 관심이 많았던 서경식은 1987년 플레말르의 화가라는 이름을 탄생시킨 「성모자」, 「성 베로니카」를 보기 위해 프랑크푸르트 슈테델 미술관을 찾습니다.
그에 앞서 조각 전문 미술관인 리비크하우스에 들러, 예수, 함께 처형된 두 도둑, 그리고 열두 제자들을 배치한 조각군 「리미니의 제단」을 감상합니다. 그런데 두 도둑의 모습이 며칠 전 꿈에 나타난, 옥중에서 16년째를 맞이한 두 형의 모습과 같아서 강한 기시감을 느낍니다.
그리고 슈테델 미술관에서는 원래 목적이었던 두 그림 외에 플레말르의 화가의 「나쁜 도적」을 보게 됩니다. 그는 플레말르의 화가가 그린 이 그림의 박진감 넘치는 리얼리즘에 호감을 가진 것 같지만, 이 화가와 「부인상」의 화가가 동일인이라는 생각은 여전히 받아들이기 어렵다고 합니다.

리미니의 제단과 플레말르의 화가의 「나쁜 도적」은 모두 부러진 다리뼈를 표현하고 있는데 요한복음 19장에 관련 기록이 나옵니다.

예수와 두 도적이 십자가에 못 박혔는데 다음날이 안식일이어서 유대인들은 안식일에 시체를 십자가에 그냥 두지 않으려고 빌라도에게 못 박힌 자들의 다리를 꺾어 치워달라고 했다는 내용입니다.

서경식은 처형 후 사체의 다리를 꺾는 것은 소생을 막기 위한 의미가 있었을 것이라고 추측하는데, 이는 오해입니다. 공동번역 성서가 '십자가에 못박힌 이들의 다리를 꺾어'라고 번역하지 않고 '시체의 다리를 꺾어'라고 번역한 것도 엄밀히 따지면 오역입니다.

십자가형은 못 박힌 사람이 죽을 때까지 시간이 꽤 걸립니다. 십자가형은 그 모습을 전시하는 데에도 목적이 있는 형벌입니다. 십자가에 못 박히면 몸이 아래로 늘어져 호흡이 곤란해집니다. 그래서 못 박힌 발에 힘을 주고 몸을 위로 밀어 올려서 겨우 숨을 쉽니다. 그래서 다리뼈를 꺾으면 몸을 밀어 올릴 수 없게 돼 곧 질식사합니다. 유대인들의 요청은 안식일 전에 빨리 죽여서 시체를 치워달라는 뜻입니다. 예수는 이미 죽어있었으므로 창으로 찔러 죽음을 확인했을 뿐, 다리뼈를 부러뜨릴 필요가 없었습니다. 그래서 그리스도 옆구리의 상처는 부활의 확실한 증거가 됩니다.

특별한 용건이나 목적이 있었던 것은 아니지만 마인츠의 여관에서 일어났을 때 '역시' 스트라스부르에 가자는 생각이 들었다고 합니다. '역시'의 이유는 지금도 분명치 않다고 말하면서, 다만 스트라스부르라는 이름에 묘한 미련 같은 것을 느끼고 있었다고 합니다. 추측건대 그 이름은 독일어식인데 발음은 프랑스어식이어서 가보고 싶었던 것 아닐까요? 그곳은 세계사 공부할 때 나오는, 독일과 프랑스가 서로 뺏고 빼앗기고 했던 알자스-로렌 지방의 중심도시였습니다. 또 알퐁스 도데의 '마지막 수업'의 배경이기도 한 도시입니다. 이 소설을 읽으면서 우리는 일제강점기 조선어 말살정책을 떠올렸지만, 20세기 중반까지는 독일어 방언을 사용하는 사람이 더 많았다는 증언으로 미뤄보면 소설 속 프랑스어는 일제강점기의 일본어에 해당하는 것 같습니다.

서경식은 "스트라스부르, 오, 얼마나 아름다운 도시인가? 하지만 그 밑에는 무수한 병사들의 뼈가 묻혀있네."라는 민요를 소개하면서, 그런 도시라면 가보지 않을 수 없다고 말합니다. 스트라스부르는 역사상 여러 차례 격전지였으니까 많은 주검이 거기 묻혔겠지요. 이번 글의 주제는 '죽음'이라는 뜻일 테고요.

수면 부족으로 잔뜩 신경질이 난 상태로 스트라스부르에 도착한 서경식은 투덜거리며 스트라스부르 노트르담 대성당으로 갑니다. 스테인드글라스가 만들어내는 무늬는 아름다웠지만 심신이 너무 피곤해서인지 대성당이 마치 거대한 석관처럼 느껴집니다.
지친 그는 빨리 호텔로 가고 싶어서 대성당 부속 박물관도 건성으로 훑어보는데 1470년경에 그려진 「죽은 연인들」을 보게 됩니다. 죽어서 썩어가고 있는 몸을 적나라하게 그린 이 그림에 대해 서경식은 "이 그림이 성공하고 있는 비밀은 그 졸렬함에 있다"고 말합니다. 이 그림 앞에 서는 일은 예술감상이 아니라 적나라하고 무시무시한 죽음의 이미지와 맞서는 일이라고 단언합니다.
그런데 인터넷에서 찾아보니 이 그림은 미국 클리블랜드 미술관에 있는 젊고 세련된 커플 그림의 뒷면 패널이었는데, 20세기에 두 그림이 분리됐다고 합니다.

「죽은 연인들」 그림 앞에서 서경식은 백년전쟁, 십자군, 흑사병, 채찍 순례, 이단 사냥, 이교도 살육 등으로 켜켜이 쌓이는 주검을 생각합니다.
또 흑사병이라는 재앙의 뿌리가 유대인들이 우물 속에 독을 넣은 데 있다는 말이 퍼지면서 유대인 대학살이 번져나갔으며, 1349년에는 스트라스부르에서 2천 명 이상의 유대인이 산 채로 태워진 사실을 전합니다.
여기서 무엇이 연상되나요? 겨우 100년 전 일본에서 일어난 관동대지진 때의 조선인 학살입니다. 바로 우물에 독을 풀었다는 유언비어가 공통점입니다.
1923년 9월 1일 정오쯤 대지진이 발생해 화재 등으로 10만 명 이상이 죽거나 행방불명됐습니다. 그런데 그날 저녁부터 조선인이 방화하고 있다, 우물에 독을 넣었다는 소문이 퍼집니다. 군경을 중심으로 한 자경단이 6천 명 이상의 조선인, 200명 이상의 중국인, 수십 명의 일본인을 학살했습니다. 조선인을 식별하기 위해 '15엔 50전'을 발음해 보라고 해서 발음이 이상하면 죽였다고 합니다.
요즘에도 이런 일이 벌어지겠느냐고 생각할 수도 있겠지만, 알 수 없습니다. 2011년 동일본 대지진 때 아사히신문에 외국인 절도단이 있다, 성폭행이 다발하고 있다는 유언비어에 현혹되지 말라는 기사가 실렸다고 합니다.

서경식은 스트라스부르에서 본 이 꺼림칙한 그림 때문에 일본으로 돌아간 뒤 이래저래 조사를 했고, 필리프 아리에스의 '죽음과 역사'도 그 때문에 읽게 됐다고 합니다. 그는 한겨레신문에 연재한 칼럼 '내 서재 속의 고전' 중 '죽음의 역사' 편에서 이 당시 자신의 상황을 이렇게 설명했습니다. (이 연재칼럼은 2015년 동명의 단행본으로 출간됐습니다.)

"1983년 가을, 나는 난생처음 유럽 여행을 떠났다. 1980년 5월, 어머니가 무자비한 암의 고통 속에 세상을 떠났다. 광주 5·18 학살이 진행되던 바로 그때이기도 했다. 그 3년 뒤의 5월, 아버지도 어머니와 같은 병으로 돌아가셨다. 부모의 죽음을 지켜본 뒤 나는 아무런 구체적인 목적도 없이 여행을 떠났다. 그 여행에서 많은 성당, 교회, 수도원, 미술관을 돌아보며 서양 기독교 세계 특유의 '죽음의 도상'(圖像, 그림과 조각)들과 조우했다. 아니 그보다는 무의식중에 나 자신이 그런 것을 갈구하며 방황하고 있었다고 하는 편이 더 정확할지 모르겠다.

나는 30을 갓 넘긴 나이여서 살았다고 할 수 있을 만큼 무엇 하나 제대로 경험한 것도 없었고, 죽고 싶다는 생각을 갖고 있지도 않았으나, '죽음'은 늘 내 가까이에 있었다."

『나의 서양미술 순례』의 모든 글에는 진하든 연하든 죽음의 그림자가 어른거리고 있습니다. 서경식은 처음에 「캄비세스 왕의 재판」을 보고 아버지를 떠올렸고, 책의 마지막은 돌아가신 아버지를 만나는 이야기로 끝맺음을 합니다. 호텔로 돌아와 잠을 자다 눈을 뜨니 배가 고파 삶은 달걀을 까먹는데, 저 어두운 뒤쪽에 누군가 웅크리고 있는 것 같고 그게 돌아가신 아버지처럼 느껴졌다는 이야기죠. 이렇게 보니 이 책 전체가 애도의 기록이라고 할 수도 있겠다 싶습니다. 그런데 서경식의 글은 좀체 감상에 빠지지 않습니다. 이 글도 "소금이 있었으면 좋은데, 하고 생각한다."라는 위트 섞인 문장으로 세련되게 마무리합니다.

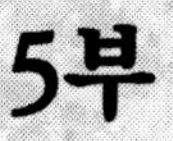
5부

책의 「에필로그」에서는 첫 여행 당시 죽음이 가까이 있다는 느낌이 있었으나 그것은 불분명한 것이었는데, 서양미술을 접하고 그것과 대화하는 동안 그 '응어리' 같은 것이 표현의 형상을 갖게 됐다고 합니다.
이 말은 당시 여행이 애도의 과정이었다고 말하는 것 같습니다. 달리 말하면 마음속에 아직 남아있었던 아버지를 떠나보내고 이제 나의 삶을 살아가겠다는 준비의 시간이었다고 할 수도 있겠습니다.
그림 속의 여러 죽음을 정면으로 바라보고 돌파해 나오면서 어느새 다음 단계로 넘어간 것 같습니다. 죽음은 모든 인간이 갖고 있는 근원적 한계이기도 하고 어떻게 보면 우리 삶의 조건이기도 하죠.
서경식은 앞서 소개한 '죽음의 역사'에 대한 칼럼에서 이렇게 주장합니다. "죽음의 관념을 더 길고 넓은 문맥 속에서 다시 살펴보는 것은 인간이 정신적으로 자립한 존재로서 인생을 완수하는 데 필요한 일이다. 그럼에도 죽음에 대해 생각하고 말하는 게 금기시되고 있는 것이다. 그런 태도는 삶에 대한 사고를 스스로 방기하는 것과 같다."

서경식 선생이 세상을 떠났습니다. 그의 삶도 끝이 났고, 그의 글과 책에도 마침표가 찍혔습니다. 그가 그림을 보고 계속 대화하면서 자신의 삶과 죽음, 그리고 세상에 대해 이야기했듯이, 우리는 그의 글을 읽으며 계속 대화해야 합니다.

"서경식은 이렇게 말했다"에서 그치는 것은 그의 말을 정보의 차원에 묶어두는 것에 불과합니다. "서경식은 왜 이렇게 말했는가, 그의 말은 내 생각과 무엇이 다른가, 내가 그의 말을 오해한 것은 아닌가" 등등으로 번져나가는 것은 그가 먼저 해놓은 말과 대화하는 것입니다. 그는 자신의 말이 오랫동안 대화의 말로 살아있기를 바랄 것이라고 생각합니다.

이제 우리 앞에는 서경식이라는 거대한 텍스트가 있습니다. 고전이라는 건 그 자체가 훌륭한 글이기도 하지만 역사와 함께 해석이 층층이 쌓여 있다는 의미이기도 합니다. 서경식 선생이 남긴 책마다 다채로운 해석이 쌓여가기를 바랍니다.

김광재 강의록

서점에서 만난 서경식

1판 1쇄 발행 2024년 10월 2일

글쓴이
김광재

책임편집
박주연

디자인
임수진

발행처
도서출판 여행자의 책

ISBN 979-11-986119-0-1 03040